DOMINA EL ÉXITO EN LINKEDIN CON INTELIGENCIA ARTIFICIAL

Guía práctica para aprovechar empresarialmente al máximo esta red social, a través del uso de innovadoras herramientas y plataformas de IA.

¡Lleva tu perfíl al siguiente nivel!

Martin Meister

DOMINA EL ÉXITO
EN LINKEDIN CON
INTELIGENCIA ARTIFICIAL

Primera edición: 2024
ISBN: 979-88-83809-10-0
Copyright © 2024 Martin Meister
www.martinmeister.cl
mrmg@bu.edu

Editado por Plutto Book Publishing

ÍNDICE

INTRODUCCIÓN

Hay un espacio donde tu carrera y conexiones profesionales se expandan, donde cada interacción te acerque a tus próximos logros. Ese lugar es LinkedIn, la plataforma definitiva para tu crecimiento profesional, colaboración e intercambio de conocimientos. Para esto y mucho más es este libro.

En primer capítulo verás que, al unirte a esta red, tomarás decisiones fundamentales, desde elegir la foto de perfil perfecta hasta personalizar tu URL, que establecen la base de tu presencia profesional. Destacar entre tantos talentos es posible a través de la optimización asistida por IA de LinkedIn, diseñada para potenciar tu perfil y capturar la atención correcta. LinkedIn trasciende de ser solo un currículum en línea; es un vibrante ecosistema para networking y compartir conocimiento. Participar activamente en grupos y eventos, y publicar contenido relevante, te posiciona como líder de pensamiento. La IA de LinkedIn optimiza tu presencia, manteniéndote relevante y visible en tu sector. LinkedIn es el trampolín hacia tu éxito profesional, proporcionando las herramientas y estrategia necesarias para destacar, conectar y prosperar.

Como verás en el segundo capítulo, en el mundo digital

actual, tu presencia en línea como empresa nunca ha sido tan vital. LinkedIn emerge como una herramienta indispensable para cualquier negocio que desee expandirse y conectar con su audiencia. Este capítulo te sumerge en la creación y optimización de tu Página de Negocio en LinkedIn, mostrándote cómo convertirla en tu vitrina digital para contar la historia de tu marca, destacar productos o servicios y fomentar la interacción. Descubrirás cómo integrar herramientas dinámicas y la IA para gestionar eficazmente tu presencia y medir el impacto de tu contenido, asegurando que tu marca no solo sea visible, sino también atractiva y efectiva para fortalecer tu presencia en la plataforma. Aprenderás que estas páginas son más que un complemento; son fundamentales para cimentar y ampliar tu marca en el ámbito profesional, transformando el marketing en LinkedIn en una estrategia integral para tu negocio.

LinkedIn se destaca como tu plataforma para que construyas redes que trasciendan las barreras geográficas y sectoriales. Al comenzar con un perfil sólido, te posicionas no solo como un profesional digital sino como un visionario en tu campo. Este capítulo te guiará a través del arte de cultivar conexiones significativas y estratégicas, invitándote a explorar grupos y eventos que alineen con tus intereses y objetivos. Equipado con las herramientas y estrategias adecuadas, tu viaje en LinkedIn se convierte en una aventura hacia el descubrimiento de oportunidades ilimitadas, permitiéndote conectar, compartir y aprender de una comunidad global. Transforma tu red de LinkedIn en una palanca poderosa para tu carrera, abriendo puertas a colaboraciones empresariales, conocimientos de la industria, y un crecimiento profesional sostenido.

Tu perfil de LinkedIn es tu tarjeta de presentación profesional. Más que un simple resumen de tu experiencia laboral y educativa es una plataforma para contar tu historia profesional, destacar habilidades y, crucialmente, proyectar tu marca personal. El cuarto capítulo te enseñaré cómo crear un perfil efectivo, subrayando la importancia de cada elemento, desde tu foto hasta la descripción de tu experiencia. Un perfil optimizado no solo mejora tu visibilidad para oportunidades de carrera y networking, sino que también te establece como líder de pensamiento en tu campo, permitiéndote interactuar con la comunidad profesional y contribuir a tu industria. Se enfatiza en la proyección de tu marca personal y cómo la interacción activa en la plataforma refuerza esta imagen, mejorando así tu presencia profesional en línea.

Crear contenidos atractivos en LinkedIn es esencial para destacarte, conectar y abrir puertas a nuevas oportunidades. En el quinto capítulo te enseñará a crear contenido que capture la atención y resuene con tu red y otras empresas. La autenticidad y personalización son cruciales para crear una conexión auténtica con tu audiencia, mostrando no solo tu experiencia sino también los valores y la cultura de tu empresa. Además, se enfatiza en la importancia de conocer a tu audiencia objetivo y utilizar herramientas de IA para analizar tendencias, predecir intereses, y personalizar tu contenido, asegurando que resuene y genere engagement. Planificar tu contenido, conocer a tu audiencia, y utilizar IA son estrategias clave para un marketing efectivo en LinkedIn, llevando tu presencia digital al siguiente nivel.

Aprovechar los Grupos de LinkedIn es clave para tu éxito empresarial. En el sexto capítulo podrás aprender a sumergirte en comunidades específicas de tu industria, compartir conocimientos, y conectar con profesionales que comparten tus intereses. Al unirte a grupos relevantes, no solo te mantienes informado sobre las últimas tendencias, sino que también tienes la oportunidad de demostrar tu experiencia. La participación activa es esencial: comparte contenido valioso, inicia discusiones y aporta a las conversaciones para construir relaciones significativas y ampliar tu red profesional.

Para ampliar tu alcance empresarial en LinkedIn, considera los anuncios como una estrategia clave. Este séptimo capítulo te guiará en el diseño de campañas publicitarias efectivas, destacando la importancia de segmentar adecuadamente a tu audiencia y crear mensajes persuasivos que resuenen. Aprenderás a aprovechar las herramientas analíticas de LinkedIn para medir el éxito de tus anuncios, permitiéndote ajustar tus estrategias en tiempo real. Los anuncios de LinkedIn ofrecen una oportunidad única para llegar a profesionales específicos, aumentando así la visibilidad de tu negocio en el mundo digital.

En el dinámico mundo profesional actual, plataformas avanzadas como Talent Insights y Sales Insights emergen como indispensables en LinkedIn. Imagina tener la capacidad de desentrañar las complejidades del mercado laboral y las ventas B2B, optimizando tus estrategias de reclutamiento, retención de talento, y construcción de relaciones sólidas con prospectos. Además, herramientas como Sales Navigator, Dux Soup, Waalaxy, Linked Helper, Phantombuster, y Meet Alfred te colocan en la vanguardia de la innovación digital, mejorando tu presencia en LinkedIn, potenciando tu presencia a través de la automatización, amplificando tu capacidad para generar leads y cerrar ventas eficientemente. El octavo capítulo te invita a explorar cómo estas herramientas pueden transformar tu enfoque profesional, llevando tu carrera o negocio a nuevas alturas.

El éxito en LinkedIn depende de tu capacidad para innovar y adaptarte continuamente. Este último capítulo te enseñaré a mantener tu contenido vibrante y pertinente, sumergiéndote en las métricas de LinkedIn Analytics y a utilizar herramientas de IA para profundizar en las tendencias y preferencias de tu audiencia. Se alienta a experimentar con formatos creativos y a asegurar la calidad de tu contenido. Recuerda, el éxito en LinkedIn es un viaje constante de aprendizaje, adaptación e innovación, donde la creatividad y la precisión son tus mejores aliados.

Así que sin más, te invito a explorar las siguientes páginas para convertirte en un experto en el uso de la red LinkedIn y llevar su potencial a otro nivel.

ACERCA DEL AUTOR

Martin Meister es Master of Science in Marketing Management de Boston University, EE.UU., e Ingeniero Civil Industrial de la Universidad de Chile. Ha ejercido como Director Comercial de Educación Continua y Director de la unidad de educación online Clase Ejecutiva UC, ambas de la Pontificia Universidad Católica de Chile. Además, como Director del programa MBA y la Dirección de Postgrados y Postítulos de la Universidad de Chile.

Profesor Adjunto de la Pontificia Universidad Católica de Chile, ha participando en programas tanto de magísteres, educación continua como de iniciativas corporativas. Se ha dedicado a la docencia e investigación en tópicos relacionados con los modelos y el uso de herramientas para la transformación digital y los procesos para impulsar su implementación; a la utilización de las principales herramientas del marketing digital, pasando por todas las etapas para una exitosa implementación de un plan de marketing digital, especialmente a través de diversas tácticas digitales. Finalmente, al desarrollo de oportunidades de negocios a través del marketing estratégico.

También ha ejercido diversos cargos ejecutivos dentro de las industrias de las telecomunicaciones, financiera y de educación continua, siempre en ámbitos altamente innovadores, cambiantes y disruptivos, liderado los últimos años el desarrollo integral de la educación online.

Cualquier información adicional la puedes buscar directamente en martinmeister.cl.

CAPÍTULO 1
EMPEZANDO CON LINKEDIN

Imagina un lugar donde tu carrera y tus conexiones profesionales florezcan, un espacio donde cada clic te acerca a tu próximo gran logro. Ese lugar es LinkedIn, y estás a solo unos pasos de desbloquear su potencial completo. Con millones de profesionales conectándose diariamente, LinkedIn se erige como la plataforma definitiva para el crecimiento profesional, la colaboración y el intercambio de conocimientos.

Desde el momento en que decides unirte, cada decisión que tomas, desde seleccionar la foto de perfil perfecta hasta personalizar tu URL, sienta las bases de tu presencia profesional. Pero ¿Cómo destacar en un mar de talentos? La respuesta yace en la optimización asistida por IA de LinkedIn, una herramienta diseñada para elevar tu perfil y asegurar que captures la atención de las conexiones correctas. Crear un perfil que "hable el idioma de la IA" es crucial. Optimiza tu perfil con palabras clave específicas de la industria, mantente actualizado y relevante, y actúa según las sugerencias de la IA.

LinkedIn va más allá de ser simplemente un currículum en línea; es un ecosistema vibrante para el intercambio de conocimientos y el networking. Participar en grupos, eventos y publicar contenido relevante establece tu reputación como líder de pensamiento, invitando a otros a interactuar y compartir tus ideas. La IA de LinkedIn, desde sugerencias de contenido hasta análisis de rendimiento, te ayuda a optimizar cada aspecto de tu presencia en la plataforma, asegurando que mantengas tu relevancia y aumentes tu visibilidad en tu sector.

En resumen, LinkedIn es tu trampolín hacia el éxito profesional. Con las herramientas adecuadas y una estrategia de participación continua, puedes destacar, conectar y prosperar. ¿Estás listo para comenzar tu viaje en LinkedIn y desbloquear todo su potencial?

Creación de tu cuenta

¡Hola! Si estás listo para sumergirte en el mundo profesional de LinkedIn, comenzar es más fácil de lo que piensas. LinkedIn se ha convertido en una herramienta esencial para profesionales de todo el mundo, con casi muchísimos millones de usuarios que se conectan, comparten y crecen profesionalmente cada día.

Paso 1: Regístrate

Para comenzar, visita LinkedIn y elige "Unirte ahora". Solo necesitarás proporcionar información básica como tu nombre, correo electrónico y una contraseña segura. Recuerda, este es el primer paso para construir tu presencia profesional, así que usa un correo electrónico que refleje tu profesionalismo.

Paso 2: Elige la foto perfecta

Tu foto de perfil es tu primera impresión en LinkedIn. Opta por una imagen clara y profesional donde tu rostro sea el protagonista. No necesitas un fotógrafo profesional, pero asegúrate de que la foto sea reciente y te represente en un contexto profesional.

Paso 3: Redacta un titular impactante

Tu titular no tiene por qué ser solo tu título laboral. Piensa en él como una mini declaración de tu marca personal. ¿Qué te hace único? ¿Cuál es tu propuesta de valor? Este es el lugar para resumirlo en menos de 120 caracteres.

Paso 4: Personaliza tu URL

LinkedIn te permite personalizar tu URL pública, lo que puede hacer que tu perfil sea más fácil de encontrar y compartir. Intenta usar tu nombre completo o una variación profesional de él. Esto no solo se ve más limpio en tu tarjeta de presentación, sino que también mejora tu visibilidad en los motores de búsqueda.

El ex atleta Lewis Howes transforma su carrera

Tomemos el ejemplo de Lewis Howes, un autor, emprendedor y ex atleta profesional que utilizó LinkedIn para transformar su carrera. Después de una lesión que puso fin a su carrera deportiva, Howes se volcó a LinkedIn para establecer conexiones y construir su marca personal. A través de la plataforma, comenzó a compartir su conocimiento sobre cómo utilizar LinkedIn para el networking, lo que eventualmente lo llevó a escribir un libro, crear un curso en línea y lanzar su propio podcast, "The School of Greatness". Su habilidad para aprovechar LinkedIn no solo lo ayudó a reconstruir su carrera profesional, sino que también lo estableció como un líder de pensamiento en el espacio del networking y desarrollo personal.

Configuración de tu perfil

Una vez que hayas creado tu cuenta, el siguiente paso crucial es configurar tu perfil de LinkedIn. Un perfil bien optimizado no solo te hace más visible, sino que también aumenta tus oportunidades de conectar con personas relevantes y atraer oportunidades profesionales. Aquí es donde la inteligencia artificial puede ser tu aliada, ayudándote a perfeccionar tu perfil para destacar entre la multitud.

Optimización asistida por IA

LinkedIn ha introducido una serie de herramientas impulsadas por IA diseñadas para mejorar tu perfil, desde sugerencias de contenido hasta insights sobre la visibilidad de tu perfil. Estas herramientas te ofrecen orientación personalizada para elevar tu perfil, ya sea refinando tu titular, mejorando la posibilidad de ser descubierto o mostrando habilidades relevantes.

Características clave de la IA en LinkedIn

Sugerencias de perfil: La IA de LinkedIn compara los detalles de tu perfil con los perfiles más atractivos de tu industria, señalando áreas específicas para mejorar. Esto es como tener secretos internos modernos para optimizar la visibilidad y abrir más puertas1.

Endosos de habilidades: La IA analiza las habilidades principales de los profesionales emergentes en tu campo y sugiere cuáles deberías pedir que tus conexiones respalden. Esto te ayuda a resaltar tus habilidades transferibles clave sin tener que auto promocionarte.

Recomendaciones de trabajo: Las recomendaciones de empleo también están potenciadas por una IA "inteligente" que revisa las posiciones alineadas con tu experiencia y donde podrías aportar valor, llevando estas oportunidades directamente a tu feed.

Creando un perfil amigable con IA

Para aprovechar al máximo las herramientas de IA de LinkedIn, es importante que tu perfil "hable el idioma de la IA". Esto significa:

Optimización de Palabras Clave: Identifica palabras clave específicas de la industria y úsalas a lo largo de tu perfil, prestando especial atención a tu titular, resumen y descripciones de experiencia.

Mantente actualizado y relevante: La IA favorece los perfiles actualizados y alineados con las últimas tendencias profesionales. Actualiza regularmente tu perfil con términos actuales de la industria para mostrar tu dedicación al crecimiento personal y la adaptabilidad.

Actúa según las sugerencias de la IA: Considera las sugerencias de la IA como un entrenamiento personal de LinkedIn. Cada sugerencia es un consejo personalizado para presentar tus talentos de la mejor manera.

Melonie Dodaro posiciona su marca personal

Profesionales como Melonie Dodaro, fundadora de Top Dog Social Media" y autora de "LinkedIn Unlocked", han utilizado LinkedIn y sus herramientas de IA para posicionar su marca personal, atraer clientes y establecerse como líderes de pensamiento en su industria. Al seguir estrategias similares y aprovechar la IA, puedes transformar tu perfil de LinkedIn en una poderosa herramienta para tu desarrollo profesional.

Entendiendo la interfaz

Ahora que has configurado tu perfil, es esencial familiarizarte con la interfaz de LinkedIn para navegar eficientemente y aprovechar al máximo la plataforma. LinkedIn ha diseñado su interfaz para ser intuitiva, facilitando la conexión, el aprendizaje y el crecimiento profesional. Aquí te guiaré a través de las características clave y cómo puedes utilizar herramientas de IA para optimizar tu experiencia en LinkedIn.

Página de inicio

Tu página de inicio es donde comienza tu jornada diaria en LinkedIn. Aquí encontrarás un feed de noticias que muestra las últimas actualizaciones de tu red, artículos relevantes y sugerencias personalizadas. La IA de LinkedIn juega un papel crucial aquí, curando contenido que coincide con tus intereses y actividades profesionales, asegurando que siempre estés al tanto de lo más relevante para ti y tu carrera.

Sección "Mi Red"

"Mi Red" es donde puedes gestionar tus conexiones existentes y expandir tu red. La IA de LinkedIn sugiere conexiones potenciales basadas en tu perfil, experiencia y redes existentes, facilitando la identificación de profesionales valiosos con los que deberías conectarte.

Empleos

La pestaña "Empleos" es una herramienta poderosa para aquellos en busca de nuevas oportunidades. Utilizando algoritmos de IA, LinkedIn personaliza las ofertas de empleo que ves, basándose en tu perfil, experiencia y aplicaciones anteriores, lo que te ayuda a encontrar posiciones que se alinean perfectamente con tu trayectoria profesional.

Mensajería

La mensajería de LinkedIn te permite comunicarte directamente con tus conexiones. Aquí es donde la IA puede ser particularmente útil, ofreciendo sugerencias de mensajes basadas en el perfil de la persona con la que estás intentando conectar, lo que te ayuda a iniciar conversaciones significativas con facilidad.

Notificaciones

La sección de notificaciones te mantiene informado sobre las actividades relacionadas con tu perfil y red, como quién ha visto tu perfil, menciones en publicaciones y actualizaciones importantes de tu red. La IA filtra estas notificaciones para asegurarse de que veas lo que es más relevante para ti, ayudándote a mantener un compromiso oportuno con tu red.

Herramientas de IA para optimizar la interfaz

Existen varias herramientas de IA que puedes utilizar para mejorar tu experiencia en LinkedIn. Por ejemplo, herramientas como **Shield AI** pueden analizar tu actividad en LinkedIn y proporcionar guías sobre cómo mejorar tu visibilidad y engagement. Otras herramientas, como **Crystal**, pueden darte consejos sobre cómo comunicarte de manera más efectiva con diferentes personalidades en tu red, basándose en el análisis de IA de sus perfiles de LinkedIn.

Construyendo tu red inicial

Una vez que tu perfil esté listo y hayas comenzado a familiarizarte con la interfaz de LinkedIn, el siguiente paso esencial es construir tu red inicial. LinkedIn ofrece varias herramientas y estrategias para ayudarte a conectar con profesionales relevantes en tu campo, ampliando así tu alcance y oportunidades.

Invitaciones y conexiones

La base de tu red en LinkedIn comienza con las invitaciones. Puedes enviar invitaciones a personas que conoces personalmente, colegas, excompañeros de clase y profesionales que admiras. Es importante personalizar tus invitaciones con un breve mensaje que explique por qué te gustaría conectar, lo que aumenta significativamente las posibilidades de aceptación.

Utiliza la herramienta "Alumni"

Una excelente manera de expandir tu red es a través de la herramienta "Alumni" de LinkedIn, que te permite encontrar y conectarte con antiguos compañeros de tu universidad o escuela. Esta herramienta proporciona una forma fácil de reconectar y construir relaciones profesionales basadas en experiencias educativas compartidas.

Participación activa

Además de conectar directamente, participar activamente en LinkedIn puede ayudarte a expandir tu red. Esto incluye compartir contenido relevante, comentar en publicaciones de otros, y unirte a grupos de LinkedIn relacionados con tu industria. La participación activa no solo aumenta tu visibilidad, sino que también te posiciona como un miembro activo y comprometido de la comunidad de LinkedIn.

InMail y mensajes

Para aquellos con quienes no tienes conexiones directas, LinkedIn ofrece InMail, una característica premium que te permite enviar mensajes a otros usuarios de LinkedIn. InMail puede ser una herramienta poderosa para llegar a líderes de la industria, reclutadores o potenciales mentores, pero debe usarse de manera estratégica y respetuosa.

Herramientas de IA para la construcción de redes

La inteligencia artificial puede ser una gran aliada en la construcción de tu red en LinkedIn. Herramientas como LeadFuze pueden ayudarte a identificar y conectar con potenciales leads y conexiones en tu industria, mientras que plataformas como Crystal pueden proporcionarte información clave sobre la personalidad de tus conexiones, ayudándote a customizar tu comunicación para una mayor efectividad.

Usain Khan nos entrega interesantes tips

Profesionales como Usaid Khan, quien compartió "7 Essential Tips for Building a Strong LinkedIn Network", han demostrado cómo una estrategia de networking bien ejecutada en LinkedIn puede llevar a oportunidades significativas de crecimiento y desarrollo profesional. En su artículo nos comenta que construir una red sólida en LinkedIn comienza con un perfil optimizado que destaque tus logros y habilidades. La clave es conectar de manera estratégica con colegas, mentores y líderes de la industria, enfocándose en relaciones de calidad más que en la cantidad. Participar activamente en la plataforma, compartiendo y comentando contenido relevante, ayuda a establecer tu presencia y credibilidad. Además, personalizar las solicitudes de conexión y mantener una interacción genuina con tu red fomenta relaciones duraderas y oportunidades profesionales. Estos pasos son fundamentales para el crecimiento profesional y el éxito en LinkedIn.

Introducción a la publicación de contenido

Crear contenido atractivo en LinkedIn es una forma excelente de mostrar tu experiencia, compartir conocimientos valiosos y participar activamente en tu red profesional. Con más de 900 millones de usuarios y miles de publicaciones compartidas diariamente, es crucial que tu contenido se destaque. Aquí te presento cinco consejos esenciales para crear publicaciones en LinkedIn que capten la atención y fomenten la interacción.

Autenticidad y personalización

La autenticidad es clave para construir confianza con tu audiencia en LinkedIn. Comparte historias o experiencias personales relacionadas con tu industria que muestren tu perspectiva única. Las personas se conectan con personas, no con marcas, así que usa un tono conversacional e inyecta personalidad en tus publicaciones.

Enriquece tus publicaciones con contenido visual

El contenido visual es más atractivo que el texto solo, así que intenta incluir imágenes o videos en tus publicaciones de LinkedIn siempre que sea posible. Puedes utilizar sitios de imágenes de stock gratuitas como **Unsplash** o **Pexels** para encontrar imágenes de alta calidad y relevantes que capten la atención de tu audiencia.

Mantén tus publicaciones concisas

Los usuarios de LinkedIn suelen desplazarse rápidamente por sus feeds, por lo que es importante que tus publicaciones sean concisas y directas. Apunta a no más de 3-4 frases por publicación y utiliza viñetas o listas numeradas para dividir publicaciones más largas en fragmentos digeribles.

Fomenta la participación

Hacer preguntas o fomentar la discusión en tus publicaciones puede ayudar a aumentar la participación y alentar a tu audiencia a compartir sus pensamientos y opiniones. Utiliza llamados a la acción (CTAs) para animar a tu audiencia a realizar una acción específica, como visitar tu sitio web o suscribirse a tu boletín informativo.

Experimenta con diferentes tipos de contenido

No temas variar tu contenido y probar diferentes tipos de publicaciones en LinkedIn. Experimenta con publicaciones largas, infografías o incluso Historias de LinkedIn para ver qué resuena mejor con tu audiencia. Utiliza las analíticas de LinkedIn para rastrear el rendimiento de tus publicaciones y refinar tu estrategia con el tiempo.

Herramientas de IA para optimizar el contenido

Las herramientas de IA pueden ser de gran ayuda para optimizar tu contenido en LinkedIn. Por ejemplo, plataformas como **Grammarly** pueden ayudarte a mejorar la calidad de tu escritura, mientras que herramientas como **Lately** utilizan IA para analizar tus publicaciones anteriores y sugerir el mejor contenido para compartir basado en lo que ha funcionado bien en el pasado.

Participa en Grupos y Eventos

LinkedIn no es solo una plataforma para conectar con profesionales; también ofrece espacios dinámicos como grupos y eventos donde puedes profundizar en tus intereses, compartir conocimientos y expandir tu red. Aquí exploraremos cómo puedes aprovechar al máximo estos recursos para tu desarrollo profesional.

Grupos de LinkedIn: Un tesoro para el networking

Los grupos de LinkedIn son comunidades centradas en intereses o industrias específicas, donde puedes encontrar discusiones vibrantes, compartir ideas y aprender de otros profesionales. Al unirte a grupos relevantes, no solo te mantienes al tanto de las últimas tendencias en tu campo, sino que también tienes la oportunidad de mostrar tu experiencia y conectar con personas que comparten tus intereses.

Cómo encontrar y unirte a grupos relevantes

Para comenzar, utiliza la barra de búsqueda de LinkedIn para encontrar grupos que coincidan con tus intereses profesionales. Considera unirte a grupos que tengan una alta actividad y donde las discusiones sean frecuentes y valiosas. Una vez que encuentres un grupo de tu interés, solicita unirte y espera la aprobación del administrador del grupo.

Participación activa en grupos

Una vez que seas miembro de un grupo, participa activamente. Comparte artículos relevantes, inicia discusiones y contribuye con tus conocimientos a las conversaciones existentes. Recuerda, la calidad de tu participación es más importante que la cantidad; aportar valor a la comunidad te ayudará a construir relaciones significativas.

Eventos de LinkedIn: Conectando en tiempo real

LinkedIn también facilita la organización y asistencia a eventos virtuales, que van desde webinars hasta paneles de discusión y sesiones de networking. Estos eventos son oportunidades excelentes para aprender de expertos en tu industria y conectar con otros profesionales en un entorno más interactivo.

Cómo aprovechar los eventos de LinkedIn

Mantente atento a los eventos que puedan interesarte, ya sea a través de tus grupos, tu red o recomendaciones personalizadas de LinkedIn. Al asistir a eventos, participa activamente haciendo preguntas y conectando con otros asistentes y oradores. Después del evento, sigue conectando, enviando solicitudes de conexión personalizadas a las personas con las que interactuaste.

Herramientas de IA para mejorar la participación

La inteligencia artificial puede potenciar tu participación en grupos y eventos de LinkedIn. Herramientas como **Restream** te permiten transmitir eventos en vivo en múltiples plataformas, incluido LinkedIn, ampliando tu alcance. Además, plataformas como **Meetup** utilizan IA para recomendarte eventos que podrían interesarte, basándose en tus actividades y preferencias en LinkedIn.

Conclusiones

Al completar este capítulo introductorio a LinkedIn, has sentado las bases para una presencia sólida y profesional en la red. Empezando por la creación de tu cuenta, has aprendido cómo configurar un perfil que capte la atención, vital para atraer las conexiones y oportunidades profesionales adecuadas. Comprender la interfaz te permite navegar eficazmente, aprovechando al máximo las herramientas que LinkedIn pone a tu disposición.

La construcción de tu red inicial, comenzando con conocidos y ampliándola a través de interacciones genuinas, es esencial. Publicar contenido valioso y relevante establece tu reputación como un líder de pensamiento, animando a otros a interactuar y compartir tus ideas. Además, participar activamente en grupos y eventos específicos de la industria en LinkedIn es una forma excelente de networking y desarrollo profesional.

Más allá de estos primeros pasos, LinkedIn sirve como un ecosistema para cultivar tu red, intercambiar conocimiento y destacar en tu sector. Una estrategia de participación continua, donde el aprendizaje y la adaptación son fundamentales, garantiza que mantengas tu relevancia y aumentes tu visibilidad. La inteligencia artificial se presenta como un recurso innovador, mejorando la eficacia en la personalización de tu contenido y la expansión de tu red, proyectando un crecimiento profesional sostenido.

CAPÍTULO 2
CREANDO TU PÁGINA DE NEGOCIO EN LINKEDIN

En el vasto mundo digital de hoy, tu presencia en línea como empresa es más crucial que nunca, y LinkedIn se destaca como una plataforma indispensable para cualquier negocio que aspire a crecer y conectar con su audiencia objetivo. El presente capítulo se sumerge en el corazón de LinkedIn para empresas, explorando las Páginas de Negocio, que no son meros complementos a tu estrategia de marketing digital, sino elementos fundamentales para cimentar y fortalecer tu marca en el ámbito profesional.

Una Página de Negocio en LinkedIn actúa como tu escaparate digital en la red profesional más grande del mundo, permitiéndote narrar la historia de tu marca, resaltar tus productos o servicios y fomentar la interacción con clientes, empleados y seguidores. Este capítulo te guiará a través de la creación de una Página de Negocio optimizada, desde la configuración inicial hasta la personalización y optimización, asegurando que tu marca no solo sea visible, sino también atractiva y efectiva para construir y fortalecer tu presencia en la plataforma.

Además, el capítulo aborda la evolución de LinkedIn para negocios, desde sus inicios como una plataforma para la búsqueda de empleo y la conexión entre profesionales, hasta convertirse en un espacio dinámico donde las empresas no solo se conectan, sino que también prosperan. A través de redes estratégicas, liderazgo de pensamiento y contenido personalizado en sus páginas de empresa, LinkedIn permite a las marcas amplificar su voz en el ámbito digital, convirtiendo el marketing en LinkedIn en una estrategia integral para cualquier negocio.

La integración de tu Página de Negocio de LinkedIn con herramientas dinámicas como zaap.ai puede llevar tu alcance y funcionalidad al siguiente nivel, permitiéndote gestionar tu presencia en línea de manera más efectiva y medir el impacto de tu contenido. Estas herramientas pueden automatizar procesos, analizar el rendimiento de tu página y ajustar tu estrategia para obtener mejores resultados, asegurando que tu red de LinkedIn siga siendo un recurso valioso para tu desarrollo profesional.

En resumen, este capítulo es una guía esencial para cualquier empresa que busque establecer su presencia en la red profesional más grande del mundo, proporcionando los pasos clave para configurar tu página y cómo las herramientas de IA pueden ayudarte a optimizarla desde el principio. Con el tiempo y el cuidado adecuado, tu Página de Negocio en LinkedIn puede convertirse en un pilar fundamental de tu estrategia de marketing digital.

Las Páginas de Negocio

En el entorno digital actual, la presencia en línea de una empresa es más crucial que nunca, y LinkedIn emerge como una plataforma esencial para cualquier negocio que busca crecer y conectarse con su audiencia objetivo. Las Páginas de Negocio en LinkedIn no son solo un complemento a tu estrategia de marketing digital; son fundamentales para establecer y fortalecer tu marca en el ámbito profesional.

¿Qué es una Página de Negocio?

Una Página de Negocio en LinkedIn sirve como tu vitrina digital en la red profesional más grande del mundo, permitiéndote contar la historia de tu marca, destacar tus productos o servicios, y fomentar la interacción con clientes, empleados y seguidores. Es una herramienta invaluable para construir tu presencia en línea, mejorar tu visibilidad y promover el engagement con tu contenido.

La evolución de LinkedIn para negocios

Desde sus inicios como una plataforma para la búsqueda de empleo y la conexión entre profesionales, LinkedIn ha evolucionado para convertirse en un espacio dinámico donde las empresas no solo se conectan, sino que también prosperan. A través de la creación de redes estratégicas, el liderazgo de pensamiento y el contenido personalizado en sus páginas de empresa, LinkedIn permite a las marcas amplificar su voz en el ámbito digital, convirtiendo el marketing en LinkedIn en una estrategia integral para cualquier negocio.

La importancia de una Página de Negocio optimizada

Crear y mantener una Página de Negocio en LinkedIn es como plantar y cuidar una semilla digital para tu marca. Con el tiempo y el cuidado adecuado, esta semilla puede florecer, atrayendo continuamente a clientes y socios con su vitalidad. La optimización de tu página, desde la imagen de portada hasta la descripción de tu empresa, es crucial para cómo los profesionales perciben y se relacionan con tu marca.

Herramientas como **Zaap.ai** te puedes ayudar desde maximizar tu alcance, creación de enlaces bio dinámicos que narren la historia de tu marca hasta la integración de tiendas en línea y herramientas de marketing por email. **Zaap.ai** es el arquitecto detrás de tu éxito en LinkedIn. Piensa en ella como tu socio estratégico, transformando tu Página de Negocio en un portal vibrante que atrae, involucra y convierte. Cada elemento de tu página se optimiza para resonar con tu audiencia, desde la imagen de portada hasta cada publicación, asegurando que tu mensaje no solo se escuche, sino que retumbe en los corredores de tu industria.

Además, **Zaap.ai** te dota de análisis profundos y automatización inteligente, permitiéndote medir el pulso de tu impacto y ajustar tu estrategia en tiempo real. No es solo sobre estar presente; es sobre dominar el espacio con autoridad y precisión.

Pasos para crear tu Página de Negocio

Crear una Página de Negocio en LinkedIn es un paso esencial para cualquier empresa que busque establecer su presencia en la red profesional más grande del mundo. Aquí podrás ver los pasos clave para configurar tu página y cómo las herramientas de inteligencia artificial pueden ayudarte a optimizarla desde el principio.

Configuración de la página

Para iniciar tu viaje en LinkedIn, el primer paso es crear una página de empresa que refleje la esencia de tu negocio. Imagina que estás en el portal de LinkedIn, navegando hacia la sección "Soluciones". Allí encontrarás la opción "Crear una Página de Empresa". Es un momento crucial, donde seleccionarás la categoría que mejor encapsula la naturaleza de tu empresa. Este es el momento de introducir los detalles fundamentales de tu negocio: su nombre, el sector al que pertenece, su tamaño y su ubicación geográfica. Estos datos son los pilares sobre los que se construirá tu presencia en la red profesional más grande del mundo.

Personalización y optimización

Ahora, con los cimientos ya establecidos, es hora de darle vida a tu página. Piensa en tu logotipo y en una imagen de portada que capture la esencia de tu marca, que hable sin palabras de lo que tu empresa representa. Redacta una descripción que no solo informe, sino que enamore; que destaque la misión de tu empresa, los productos o servicios que ofreces y aquello que te distingue de la competencia. No olvides utilizar palabras clave estratégicas que aumenten la visibilidad de tu página en las búsquedas dentro de LinkedIn.

Publicación y compromiso

El siguiente paso en tu estrategia digital es generar contenido que resuene con tu audiencia. Publica actualizaciones sobre tu empresa, comparte artículos relevantes de tu sector, ofrece insights valiosos; todo ello para mantener a tu audiencia enganchada. Es esencial que interactúes con los comentarios y participes en conversaciones, fomentando así una comunidad vibrante alrededor de tu marca. Este compromiso continuo no solo fortalece las relaciones con tu audiencia, sino que también eleva el perfil de tu empresa dentro de la comunidad profesional.

Integración con plataformas de IA

Para llevar tu página de empresa al siguiente nivel, considera la integración de herramientas de inteligencia artificial como **Buffer** o **Hootsuite**. Estas plataformas te ofrecen funcionalidades avanzadas como la programación de publicaciones y análisis detallados del rendimiento de tu contenido. Al aprovechar estas herramientas, puedes asegurar una presencia constante y dinámica en LinkedIn, adaptando tu estrategia de contenido en función de datos analíticos. Puedes utilizar Hootsuite para editar tu página y llenar todos los campos en la sección de información adicional. Esto no solo clarifica a los usuarios lo que ofreces, sino que también mejora tu SEO en LinkedIn, aumentando tus posibilidades de aparecer en los resultados de búsqueda. Recuerda usar palabras clave relevantes en tu descripción y aprovechar las opciones de personalización como la imagen de portada y el botón personalizado para dirigir a los usuarios a tu sitio web o a acciones específicas. Por otro lado, **Buffer** y **Hootsuite** te permiten programar tus publicaciones, lo que es esencial para mantener una presencia constante en LinkedIn. Planifica tu contenido con anticipación y utiliza estas herramientas para publicar automáticamente en los mejores horarios, basándote en el análisis de tus publicaciones anteriores y la interacción de tu audiencia. Esto te ayuda a mantener un flujo constante de contenido relevante y valioso, aumentando el compromiso de tu audiencia. Finalmente, tanto **Buffer** como **Hootsuite** ofrecen análisis detallados del rendimiento de tu contenido. Estos insights son cruciales para entender qué funciona y qué no, permitiéndote ajustar tu estrategia de contenido y maximizar el engagement. Monitorea las métricas clave como las vistas, interacciones y el crecimiento de seguidores para informar tus decisiones futuras y asegurar que tu página de empresa en LinkedIn alcance su máximo potencial.

Airbnb se potencia con su Página de Negocios

Airbnb ha logrado un éxito notable en el ámbito de la economía colaborativa, y su página de empresa en LinkedIn desempeña un papel crucial en este logro. La clave de su éxito radica en varios aspectos fundamentales que se reflejan en su presencia en LinkedIn. Primero, Airbnb ha adoptado un modelo de consumo colaborativo, que no solo se enfoca en el intercambio de bienes y servicios sino también en la creación de una comunidad de usuarios y anfitriones que comparten experiencias y conocimientos. Este enfoque se ve reflejado en el contenido que comparten en su página de LinkedIn, donde destacan historias de éxito, consejos para anfitriones y viajeros, y actualizaciones sobre nuevas características o servicios.

Además, Airbnb utiliza su página de empresa en LinkedIn para establecer una comunicación directa y transparente con su audiencia. Publican regularmente actualizaciones sobre la compañía, incluyendo logros, iniciativas de responsabilidad social y oportunidades de empleo, lo que ayuda a construir una imagen de marca sólida y confiable. También aprovechan las herramientas de análisis de LinkedIn para entender mejor a su audiencia y adaptar su contenido para maximizar el engagement.

La estrategia de marketing de Airbnb en LinkedIn también incluye el uso de palabras clave relevantes en su contenido, lo que mejora la visibilidad de su página en las búsquedas dentro de la plataforma. Esto es crucial para atraer a nuevos usuarios y profesionales interesados en la industria del turismo y la hospitalidad.

Finalmente, Airbnb entiende la importancia de generar confianza entre sus usuarios y anfitriones. En su página de LinkedIn, destacan las medidas de seguridad y las políticas de protección, como el seguro para anfitriones, que asegura contra daños o pérdidas. Esta transparencia y atención al bienestar de su comunidad no solo fortalece su reputación, sino que también fomenta una mayor participación y lealtad entre los usuarios de la plataforma.

Optimización de tu Página de Negocio

Una vez que tu Página de Negocio en LinkedIn está en marcha, optimizarla es crucial para maximizar su impacto. Una página bien optimizada no solo mejora tu visibilidad, sino que también refuerza la imagen de tu marca. Aquí te mostraré cómo puedes hacer que tu página brille y cómo la IA puede ser tu aliada en este proceso.

Refinamiento de la identidad corporativa

Para iniciar, es fundamental que comprendas la importancia de tu logotipo y la imagen de portada en LinkedIn, ya que son la carta de presentación de tu empresa ante el mundo. Estos elementos deben ser emblemáticos y reflejar la esencia de tu marca, siendo el logotipo claro y distintivo y la imagen de portada una ventana a lo que representa tu organización, ya sea tu equipo, tus productos o la cultura empresarial que promueves. Estas imágenes no son meros adornos, sino manifestaciones visuales de tu identidad corporativa en el ámbito digital, por lo que su selección debe ser meditada y alineada con los valores y la misión de tu empresa.

Para crear logotipos utilizando inteligencia artificial, existen varias herramientas disponibles que pueden ayudarte a diseñar logos de manera rápida y eficiente. Estas herramientas utilizan algoritmos de IA para generar diseños basados en tus preferencias e instrucciones. Algunas de las herramientas más destacadas incluyen:

Looka: Utiliza IA para generar logotipos personalizados basados en tus preferencias de estilo, color y símbolos. Solo tienes que proporcionar información básica sobre tu marca y Looka te presentará una variedad de opciones de diseño.

Tailor Brands: Esta plataforma ofrece un servicio de diseño de logotipos impulsado por IA, donde puedes crear un logo simplemente ingresando el nombre de tu empresa y describiendo brevemente tu negocio. Tailor Brands te sugerirá varios diseños basados en tus respuestas.

LogoMakr: Aunque LogoMakr no se basa completamente en IA para el diseño de logotipos, ofrece una plataforma fácil de usar donde puedes crear logos arrastrando y soltando elementos gráficos. También proporciona sugerencias y plantillas que pueden ser útiles en el proceso de diseño.

Designhill Logo Maker: Utiliza IA para crear logotipos personalizados. Después de responder algunas preguntas sobre tu marca y preferencias de diseño, la herramienta genera varias opciones de logotipos para que elijas.

Canva: Es una herramienta de diseño gráfico que, si bien no se especializa exclusivamente en la creación de logotipos con IA, ofrece una amplia gama de plantillas y elementos de diseño que puedes utilizar para crear un logo. Su interfaz intuitiva hace que el diseño sea accesible para usuarios sin experiencia en diseño gráfico.

Estas herramientas te permiten experimentar con diferentes estilos, tipografías y paletas de colores, facilitando la creación de un logotipo que se alinee con la identidad de tu marca. Además, muchas de estas plataformas ofrecen la posibilidad de hacer ajustes y personalizaciones para asegurar que el resultado final cumpla con tus expectativas.

Narrativa de marca persuasiva

La sección "Acerca de" en tu página de LinkedIn no es solo un espacio para describir qué hace tu empresa, sino también para contar tu historia y transmitir el por qué detrás de tu actividad. Este es el lugar donde puedes conectar emocionalmente con tu audiencia, utilizando un lenguaje que, además de incorporar palabras clave relevantes para optimizar el SEO, resuene con los valores y aspiraciones de tus potenciales clientes o colaboradores. Reflexiona sobre los elementos únicos de tu empresa y asegúrate de que tu narrativa los resalte, creando un relato atractivo y auténtico que invite a los usuarios a querer saber más sobre ti y tu marca.

Como te mencione, la optimización de las palabras clave dentro del texto que coloques en tu Página de Empresa es muy relevante, ya que ye ayudará a ser encontrado en vasto mundo de LinkedIn, a continuación de entrego algunas herramientas que te pueden servir. Surfer SEO te ofrece funcionalidades avanzadas de IA para analizar y optimizar el contenido, lo que incluye la adaptación del texto para mejorar su posicionamiento en buscadores, ideal para contenido compartido en LinkedIn. **ChatGPT** como herramienta de IA por excelencia la puedes utilizar para generar contenido optimizado para SEO, incluyendo textos relevantes y bien estructurados que pueden mejorar la visibilidad en LinkedIn. También te permite adaptar el estilo del lenguaje de lo que redactes, por ejemplo, utilizar un estilo "persuasivo y directo". Finalmente, Plataformas como **SEMRush** y **Ahrefs** utilizan IA para proporcionar análisis profundos del rendimiento del sitio web y ofrecen sugerencias para mejorar el SEO, lo que puede aplicarse al contenido compartido en LinkedIn.

Aplicación de IA en las secciones de tu página

La IA se ha convertido en una herramienta indispensable para la creación y optimización de contenido en plataformas digitales. Herramientas como **Grammarly** pueden ser tus aliadas para garantizar que tanto tu descripción como tus publicaciones sean coherentes y estén libres de errores, elevando la calidad de tu comunicación. Además, plataformas como **BuzzSumo** te ofrecen una visión profunda de los temas que capturan la atención en tu sector, permitiéndote afinar tu estrategia de contenido para generar mayor interacción y relevancia dentro de tu comunidad en LinkedIn.

Actualización y análisis continuo

Mantener tu página de LinkedIn actualizada y dinámica es crucial para el éxito de tu presencia en línea. Es esencial que renueves periódicamente elementos visuales como tu imagen de portada para reflejar eventos o campañas actuales, y que interactúes activamente con tu audiencia a través de comentarios y mensajes. La utilización de herramientas de IA como Google Analytics y LinkedIn Analytics te facilitará el análisis detallado del desempeño de tu página, permitiéndote adaptar tu estrategia de contenido basada en datos concretos. Estas plataformas te proporcionan indicadores clave como el número de visitas, el nivel de interacción y la demografía de tus seguidores, brindándote una comprensión más profunda de tu audiencia y la forma en que interactúan con tu contenido, lo cual es fundamental para optimizar tu presencia y maximizar el engagement en LinkedIn.

Hootsuite también aprovecha la IA

Hootsuite, una plataforma líder en gestión de redes sociales, ha utilizado su Página de Negocio en LinkedIn para compartir valiosa información de la industria, consejos de marketing en redes sociales y estudios de casos. Gracias a una estrategia de contenido bien ejecutada y la optimización constante de su página, **Hootsuite** ha logrado aumentar su número de seguidores en LinkedIn en un 15% año a año, mejorando significativamente su tasa de engagement y posicionándose como un referente en el ámbito del marketing digital.

Al seguir estos pasos y aprovechar las herramientas de IA disponibles, puedes asegurarte de que tu Página de Negocio en LinkedIn no solo sea visible sino también atractiva y efectiva para construir y fortalecer la presencia de tu marca en la plataforma.

Contenido y estrategias de engagement

Con tu Página de Negocio de LinkedIn optimizada y lista para impresionar, el siguiente paso es centrarte en el contenido. Crear contenido atractivo y estrategias de engagement no solo te ayudará a destacar, sino que también fomentará una comunidad activa alrededor de tu marca. Y aquí es donde la inteligencia artificial puede ser tu mejor aliada.

Creación de contenido asistida por IA

Para mantener tu página de LinkedIn vibrante y relevante, necesitas un flujo constante de contenido atractivo. Aquí es donde las herramientas de IA entran en juego, simplificando y potenciando tu proceso de creación de contenido. Jasper es una herramienta de IA que sirve como asistente de escritura que puede ayudarte a generar ideas de contenido, redactar publicaciones y artículos completos, e incluso crear copias publicitarias atractivas. Simplemente proporciona un breve contexto o tema, y **Jasper** generará contenido creativo y original que puedes personalizar y publicar en tu Página de Negocio Otra herramienta poderosa es **Copy.ai**, que utiliza IA para ayudarte a crear contenido de marketing, desde publicaciones en redes sociales hasta blogs y correos electrónicos. Es especialmente útil para generar ideas rápidas y efectivas que resonarán con tu audiencia en LinkedIn.

Estrategias de engagement

Para potenciar el engagement en tu página de empresa de LinkedIn utilizando la inteligencia artificial, puedes seguir estas estrategias innovadoras:

Contenido personalizado: Utiliza herramientas de IA como **Jasper** o **Copy.ai** para crear contenido altamente personalizado y relevante para tu audiencia. Estas plataformas pueden analizar los intereses y comportamientos de tus seguidores para generar publicaciones, artículos y copias publicitarias que resuenen con ellos. Proporciona a la herramienta un breve contexto o tema, y deja que la IA elabore borradores creativos y originales que puedas ajustar y publicar, asegurando que cada pieza de contenido hable directamente a las necesidades y deseos de tu audiencia.

Automatización de la interacción: La IA puede ayudarte a mantener una interacción constante con tu audiencia. Herramientas como las ofrecidas por **Engage AI** pueden analizar los comentarios en tus publicaciones y generar respuestas automáticas personalizadas, manteniendo así la conversación activa y mostrando a tu audiencia que valoras su participación. Esta automatización asegura que ninguna interacción quede sin respuesta, fomentando un sentido de comunidad y pertenencia entre tus seguidores.

Análisis predictivo para mejorar el engagement: Implementa soluciones de IA que ofrezcan análisis predictivo, como **Lately**, que puede examinar tus publicaciones de mayor rendimiento y sugerir tipos de contenido que probablemente generen más interacción. Estas herramientas utilizan el aprendizaje automático para identificar patrones y tendencias en el engagement de tu audiencia, permitiéndote ajustar tu estrategia de contenido de manera proactiva para maximizar su impacto.

El momento es clave: Emplea IA para optimizar el momento y formato de tus publicaciones. Herramientas de programación y análisis como las integradas en LinkedIn te permiten identificar los horarios en los que tu audiencia está más activa y los formatos de contenido (como videos, imágenes o artículos) que generan mayor engagement. Esta información te permite programar tus publicaciones para que tengan el mayor impacto posible, asegurando que tu contenido llegue a tu audiencia en el momento óptimo y en el formato más atractivo.

Implementando estas estrategias de engagement basadas en IA, puedes transformar tu página de empresa de LinkedIn en un espacio dinámico y atractivo que fomente la interacción activa de tu audiencia, fortalezca tu marca y promueva relaciones duraderas con tus seguidores.

Analítica para ajustar tu estrategia

Utilizar herramientas como LinkedIn Analytics te permitirá obtener una visión profunda del rendimiento de tu contenido. Estas plataformas ofrecen métricas detalladas sobre el engagement, el alcance y la demografía de tu audiencia, permitiéndote ajustar tu estrategia de contenido y engagement para maximizar su efectividad. También puedes utilizar **Lately**, una plataforma que utiliza IA para analizar tus publicaciones de mayor rendimiento y generar automáticamente borradores de contenido basados en lo que ha resonado más con tu audiencia. Lately puede ayudarte a mantener una voz de marca coherente mientras optimizas tu estrategia de contenido para un mayor engagement.

Promoción de tu Página de Negocio

Una vez que tu Página de Negocio en LinkedIn está optimizada y llena de contenido atractivo, el siguiente paso es promocionarla activamente para aumentar tu visibilidad y engagement. En este mundo digital, donde la competencia es feroz, destacar requiere más que solo contenido de calidad; necesitas estrategias inteligentes y, a menudo, el poder de la IA para llevar tu página al siguiente nivel.

Estrategias efectivas de promoción

Invita a conectar: Comienza por invitar a tus contactos personales y profesionales a seguir tu página. Una base sólida de seguidores iniciales puede impulsar tu visibilidad y credibilidad

Contenido de valor: Continúa publicando contenido que aporte valor a tu audiencia. Esto incluye insights de la industria, estudios de caso, consejos prácticos y actualizaciones de la empresa. El contenido que resuelve problemas o responde preguntas comunes tiende a generar más engagement y compartir.

Publicidad en LinkedIn: Considera invertir en anuncios de LinkedIn para llegar a una audiencia más amplia. Los anuncios patrocinados pueden ser especialmente efectivos para promocionar contenido específico, eventos o anuncios importantes de tu empresa.

Colaboraciones y alianzas: Colabora con influencers, líderes de pensamiento y otras empresas en tu industria para co-crear contenido o promocionar mutuamente vuestras páginas. Estas alianzas pueden ampliar significativamente tu alcance.

Utilización de la IA para la promoción

La IA puede ser una herramienta poderosa en tu arsenal de promoción, ayudándote a analizar grandes cantidades de datos para tomar decisiones más informadas sobre tu estrategia de contenido y publicidad. Plataformas de IA como **MarketMuse** pueden ayudarte a identificar temas y palabras clave que resuenan con tu audiencia, asegurando que tu contenido y anuncios sean lo más relevantes y atractivos posible. También puedes utilizar la herramienta de análisis predictivo **PaveAI**, que utiliza IA para analizar los datos de tus campañas publicitarias y proporcionar recomendaciones sobre cómo mejorarlas. **PaveAI** puede ayudarte a identificar patrones y tendencias en el rendimiento de tus anuncios, permitiéndote optimizar tus estrategias para un mayor retorno de la inversión.

Microsoft utiliza LinkedIn para promocionar Teams

Microsoft, en su campaña para promocionar Microsoft Teams en LinkedIn, utilizó una combinación de contenido orgánico y anuncios patrocinados que destacaban las características y beneficios de Teams. Gracias a una estrategia de promoción bien ejecutada y el uso de análisis predictivo para optimizar sus anuncios, Microsoft logró un aumento del 55% en el engagement de su página y un incremento del 70% en las descargas de Teams a través de LinkedIn en un trimestre. Este éxito subraya el poder de una estrategia de contenido y promoción bien planificada, complementada con el análisis predictivo de IA para maximizar el impacto.

Al integrar estas estrategias y herramientas de IA en tu plan de promoción, puedes aumentar significativamente la visibilidad y el engagement de tu Página de Negocio en LinkedIn, convirtiéndola en un activo valioso para tu estrategia de marketing digital.

Análisis y medición del éxito

Después de haber invertido tiempo y esfuerzo en tu Página de Negocio en LinkedIn y en su promoción, es crucial evaluar la efectividad de tus estrategias. ¿Cómo puedes saber si estás logrando tus objetivos? Aquí es donde el análisis y la medición juegan un papel fundamental, y la IA puede simplificar y enriquecer este proceso.

La Importancia de LinkedIn Analytics

LinkedIn proporciona herramientas analíticas que te permiten medir el impacto de tu página, desde las impresiones y los clics hasta los comentarios y las compartidas. Pero, ¿cuáles son las métricas que realmente importan? Concéntrate en aquellas que te brindan una visión clara de tu rendimiento:

Impresiones y alcance: Estas métricas te indican cuántas veces se ha visto tu contenido y qué tan ampliamente se está difundiendo. Un aumento en estas cifras señala que tu contenido está ganando visibilidad.

Engagement: Incluye clics, "me gusta", comentarios y compartidas. Un alto nivel de engagement sugiere que tu contenido está resonando con tu audiencia.

Crecimiento de seguidores: El aumento en tu número de seguidores te da una idea de cómo está creciendo tu comunidad en LinkedIn.

Aplicando IA para un análisis avanzado

La IA puede llevar tu análisis a un nuevo nivel, proporcionando insights más profundos y personalizados. **Sprout Social** utiliza IA para ofrecerte un análisis detallado de tu rendimiento en LinkedIn, ayudándote a identificar tendencias y patrones que podrían no ser evidentes a primera vista. Por otro lado, **Hootsuite Insights**, impulsado por IA, te permite comprender el sentimiento detrás de las interacciones con tu página, ofreciéndote una comprensión más profunda de cómo tu audiencia percibe tu marca.

KLM Royal Dutch Airlines vuela alto

KLM Royal Dutch Airlines aprovechó LinkedIn Analytics para adaptar su estrategia de contenido a los intereses de su audiencia, destacando su cultura innovadora y compromiso con la sostenibilidad. Esta estrategia informada por datos resultó en un impresionante aumento del 40% en el engagement y un crecimiento del 25% en el número de seguidores de su Página de Negocio en LinkedIn en solo seis meses, mejorando significativamente su visibilidad y posicionamiento como empleador líder en la industria de la aviación.

Conclusiones

Al concluir este capítulo sobre la creación y optimización de tu Página de Negocio en LinkedIn, es esencial reflexionar sobre los pasos cruciales que hemos abordado para maximizar tu presencia en esta poderosa plataforma profesional. Desde la configuración inicial y la personalización de tu página hasta la promoción activa y el análisis detallado del rendimiento, cada fase juega un papel vital en el desarrollo de una estrategia de LinkedIn exitosa.

La creación de contenido atractivo y relevante, adaptado a los intereses y necesidades de tu audiencia, es el núcleo de una Página de Negocio vibrante. Utilizar herramientas de IA como **Jasper** y **Copy.ai** para generar ideas y redactar contenido puede aumentar significativamente tu eficiencia y creatividad, permitiéndote mantener un flujo constante de publicaciones que captan la atención y fomentan la interacción.

La promoción de tu página, a través de invitaciones

personales, colaboraciones estratégicas y publicidad en LinkedIn, amplía tu alcance y atrae a una audiencia más amplia. Integrar la IA en este proceso te permite analizar y optimizar tus campañas publicitarias para un mayor impacto.

El análisis y la medición del éxito de tu página son fundamentales para entender lo que funciona y lo que necesita ajuste. Herramientas como LinkedIn Analytics y plataformas de IA como **Sprout Social** y **Hootsuite Insights** ofrecen ideas valiosos sobre el rendimiento de tu contenido y la interacción de la audiencia, permitiéndote tomar decisiones informadas para mejorar continuamente tu estrategia.

En resumen, la clave para una Página de Negocio exitosa en LinkedIn radica en la combinación de contenido auténtico y atractivo, estrategias de promoción bien planificadas y un enfoque basado en datos para el análisis y la adaptación continua. Al seguir estos principios y aprovechar las herramientas y tecnologías disponibles, puedes construir y mantener una presencia de marca sólida y dinámica en LinkedIn, abriendo puertas a nuevas oportunidades de crecimiento y éxito empresarial.

CAPÍTULO 3
CONSTRUIR TU RED DE LINKEDIN

En el vasto mundo de las redes profesionales, LinkedIn se destaca como una plataforma sin igual, diseñada específicamente para conectar a profesionales de todos los sectores y especialidades. La construcción de una red en LinkedIn no es simplemente un ejercicio de acumulación de contactos; es un arte estratégico que, cuando se ejecuta con pericia, puede abrir puertas a innumerables oportunidades de carrera, colaboraciones empresariales y conocimientos de la industria. La esencia de LinkedIn radica en su capacidad para trascender las barreras geográficas y sectoriales, permitiendo a los profesionales conectarse, compartir y aprender unos de otros en un entorno dinámico y profesional.

Al embarcarte en la construcción de tu red, es esencial que comiences con una base sólida: tu propio perfil de LinkedIn. Tu perfil no es solo un currículum digital; es tu carta de presentación personal a la vasta comunidad de LinkedIn. Un perfil optimizado, que resalta claramente tus habilidades, experiencias y logros, no solo atraerá a los profesionales adecuados a tu red, sino que también establecerá el tono para las interacciones futuras. Piensa en tu perfil como tu escaparate profesional en el mundo digital, una plataforma desde la cual puedes proyectar tu marca personal y atraer a aquellos con intereses y objetivos alineados.

A medida que avanzamos en este capítulo, exploraremos en profundidad las estrategias y tácticas para construir y nutrir una red de LinkedIn que no solo sea amplia, sino también rica en conexiones significativas y beneficiosas. Desde la identificación y conexión con profesionales clave en tu industria hasta la expansión de tu red a través de grupos y eventos de LinkedIn, te guiaremos a través de cada paso del proceso, equipándote con las herramientas y conocimientos necesarios para convertir tu red de LinkedIn en una poderosa palanca para el éxito profesional.

Tu perfil para la construcción de redes

En el mundo profesional actual, tener un perfil de LinkedIn optimizado es más que una necesidad; es una herramienta crucial para destacar en un mar de profesionales y atraer conexiones valiosas que pueden abrir puertas a nuevas oportunidades de carrera. Un perfil bien estructurado y visualmente atractivo no solo refleja tu profesionalismo, sino que también comunica tu marca personal y tus competencias clave de manera efectiva. Para lograr esto, es esencial implementar estrategias específicas que mejoren cada aspecto de tu perfil, aprovechando las plataformas de IA diseñadas para optimizar tu presencia en esta red profesional.

Perfeccionando cada sección de tu perfil

La primera etapa en la optimización de tu perfil de LinkedIn implica asegurarse de que cada sección esté completa y libre de errores. Herramientas como **Grammarly** pueden ser de gran ayuda para revisar tu contenido y garantizar que esté libre de errores gramaticales y ortográficos, lo que a su vez, eleva tu profesionalismo. Un perfil completo y correctamente redactado no solo mejora la percepción de otros usuarios sobre ti, sino que también aumenta la probabilidad de ser descubierto por reclutadores y profesionales de la industria que buscan talentos como el tuyo.

Creando un impacto con tu titular y foto

El titular de tu perfil es a menudo lo primero que la gente ve, por lo que debe ser impactante y reflejar claramente tu especialización y las palabras clave relevantes de tu industria. **ResumeWorded** es una de las herramientas de IA que analiza titulares efectivos en tu campo, ayudándote a crear uno que destaque. Además, la importancia de una foto de perfil profesional no puede ser subestimada. Plataformas como Photofeeler utilizan IA para proporcionar retroalimentación sobre tu foto, asegurando que proyecte la impresión correcta y refuerce tu marca personal.

Narrando tu historia profesional

Una biografía personal convincente es el corazón de tu perfil de LinkedIn. Debe narrar tu trayectoria profesional de manera envolvente y auténtica, destacando tus logros y pasiones.

Herramientas como **Copy.ai** pueden ser invaluablemente útiles en este proceso, ayudándote a redactar un resumen atractivo que capture la esencia de tu carrera profesional, utilizando IA para generar contenido creativo y personalizado. Además, optimizar tu perfil con una URL personalizada mejora tu imagen profesional y facilita que las personas encuentren tu perfil, aunque no sea una herramienta de IA, es un paso crucial para mejorar tu visibilidad en línea.

Maximizando la visibilidad con SEO

Finalmente, escribir un resumen poderoso y optimizado para SEO es fundamental para aumentar tu visibilidad en LinkedIn. INK es una plataforma de IA que te asiste en la optimización de tu sección "Acerca de" para la SEO de LinkedIn, asegurando que tu perfil no solo sea visible, sino también atractivo para aquellos que buscan profesionales con tus habilidades y experiencia. Al implementar estas estrategias clave y aprovechar las herramientas de IA disponibles, puedes transformar tu perfil de LinkedIn en un potente imán para oportunidades profesionales y conexiones significativas en tu industria.

Las estrategias de Disha Shukla para expandir su red

Disha Shukla, autora del artículo "13 LinkedIn Profile Optimization Tips for Success in 2024" en INSIDEA, comparte estrategias efectivas para hacer que tu perfil de LinkedIn sea más descubrible y atractivo. Siguiendo sus propios consejos, Disha ha logrado aumentar significativamente su visibilidad en LinkedIn, lo que le ha permitido expandir su red profesional y atraer oportunidades de colaboración y negocio. Su enfoque en completar cada sección del perfil, junto con el uso estratégico de palabras clave y una narrativa personal atractiva, ha sido clave para su éxito en la plataforma.

Este caso subraya la importancia de una estrategia bien pensada para la optimización del perfil en LinkedIn. Al presentarte de manera auténtica y estratégica, puedes atraer a una red de conexiones valiosas que pueden impulsar tu carrera y tus objetivos empresariales.

Estrategias para conectar en tu industria

Conectar con profesionales de tu industria en LinkedIn es esencial para ampliar tu red y abrir nuevas oportunidades de colaboración y crecimiento. Aquí hay algunas estrategias efectivas.

Ampliando tu red profesional en LinkedIn

LinkedIn se ha convertido en una herramienta indispensable para profesionales que buscan expandir su red de contactos, abrir nuevas oportunidades de colaboración y fomentar el crecimiento personal y profesional. La plataforma ofrece un vasto campo de posibilidades para conectar con profesionales y líderes de pensamiento en tu industria, lo que puede ser un catalizador para el desarrollo de tu carrera. Sin embargo, para aprovechar al máximo LinkedIn, es crucial adoptar estrategias efectivas que te permitan destacar y construir conexiones significativas.

Estrategias de investigación y segmentación

Una de las primeras estrategias para optimizar tu presencia en LinkedIn implica la investigación y segmentación de tu audiencia objetivo. La función de búsqueda avanzada de LinkedIn es una herramienta poderosa que te permite encontrar profesionales específicos, empresas y grupos dentro de tu industria. Para hacer este proceso más eficiente, herramientas de inteligencia artificial como **LeadFuze** pueden automatizar la búsqueda y segmentación, permitiéndote identificar con precisión a aquellos individuos y organizaciones que son más relevantes para tus objetivos profesionales. Esta segmentación cuidadosa es el primer paso para construir una red de contactos valiosa y pertinente.

La Importancia de los mensajes personalizados

Una vez que hayas identificado a los profesionales con los que deseas conectar, el siguiente paso es acercarte a ellos de manera personalizada. Enviar solicitudes de conexión con mensajes genéricos o impersonales rara vez resulta efectivo. En cambio, personalizar tu mensaje para explicar por qué estás interesado en conectar puede aumentar significativamente tus posibilidades de aceptación. Herramientas como **Crystal Knows** utilizan IA para analizar los perfiles de LinkedIn y ofrecer consejos sobre cómo adaptar tu comunicación a la personalidad y los intereses del destinatario. Esta atención al detalle no solo mejora la tasa de aceptación de tus solicitudes de conexión, sino que también sienta las bases para relaciones profesionales más profundas y significativas.

Participación activa en grupos de la industria

LinkedIn alberga una multitud de grupos centrados en diversas industrias y campos de interés, proporcionando una plataforma excelente para compartir ideas, discutir temas relevantes y establecer tu presencia en tu sector. Unirte y participar activamente en estos grupos te permite no solo aprender de otros profesionales, sino también contribuir con tus propios conocimientos y experiencias. Al responder a publicaciones, iniciar discusiones y compartir contenido valioso, aumentas tu visibilidad y te posicionas como un miembro activo y valioso de tu comunidad profesional. Esta participación constante es clave para construir una reputación sólida en LinkedIn.

Publicación de contenido relevante y atractivo

Finalmente, publicar contenido relevante y atractivo es fundamental para captar la atención de tu red y fomentar la interacción. El contenido que publicas debe resonar con los intereses y necesidades de tu audiencia, proporcionando valor y fomentando el diálogo. Herramientas como **BuzzSumo** pueden ayudarte a identificar los temas de tendencia en tu industria, asegurando que el contenido que compartes sea oportuno y atractivo. Al comentar en las publicaciones de otros y responder a los comentarios en tus propias publicaciones, fomentas una comunidad activa y comprometida, lo que puede abrir puertas a nuevas oportunidades de colaboración y crecimiento profesional.

Al implementar estas estrategias, no solo ampliarás tu red de contactos en LinkedIn, sino que también establecerás una presencia profesional sólida y respetada en la plataforma.

Una conexión vale un nuevo trabajo: Jean Renouil

Jean Renouil, un coach de carrera, idiomas e integración, compartió una historia de éxito en LinkedIn sobre cómo la conexión positiva con "Mia" llevó a oportunidades mutuas. Mia se acercó a Jean con una nota simple y una invitación para conectar, lo que eventualmente llevó a una conversación productiva sobre sus antecedentes profesionales y trabajo. Esta interacción oportuna y personalizada resultó en que Mia fuera recomendada por Jean para un rol en otra compañía de reubicación, donde Mia fue exitosamente contratada. Este caso destaca cómo una estrategia de conexión genuina y personalizada en LinkedIn puede abrir puertas a nuevas oportunidades profesionales.

Más allá de tu industria

Para expandir tu red más allá de tu industria en LinkedIn y abrirte a un mundo de nuevas perspectivas, ideas y oportunidades, es esencial adoptar estrategias efectivas que te permitan conectar con profesionales de diversos campos y aprender de otras industrias. Aquí te presento una guía detallada basada en consejos de expertos y prácticas recomendadas para lograrlo.

Identificación de objetivos y estrategias de conexión

Antes de comenzar a expandir tu red, es fundamental tener claros tus objetivos. Pregúntate si estás buscando nuevas oportunidades de negocio, colaboraciones o si simplemente deseas aprender de otras industrias. Una vez definidos tus objetivos, puedes comenzar a identificar y conectar con profesionales relevantes. Utiliza la función de búsqueda avanzada de LinkedIn para encontrar líderes de pensamiento y expertos en áreas que te interesen. Herramientas de inteligencia artificial como **LeadFuze** pueden automatizar este proceso, ayudándote a segmentar tu audiencia objetivo de manera más eficiente.

Participación activa en grupos diversos

LinkedIn ofrece una amplia gama de grupos que abarcan una variedad de temas e industrias. Únete a aquellos grupos que, aunque no estén directamente relacionados con tu campo de especialización, sean de tu interés. Esta estrategia te permitirá interactuar con profesionales de diferentes áreas, enriqueciendo tu red con perspectivas variadas. Participa activamente en las discusiones, comparte tus ideas y responde a las publicaciones de otros miembros. Esta participación no solo aumenta tu visibilidad dentro del grupo, sino que también establece tu reputación como un miembro activo y valioso de la comunidad.

Asistencia a eventos y webinars

LinkedIn Events es una herramienta excepcional que te permite descubrir y asistir a eventos virtuales o presenciales relevantes para tu desarrollo profesional. LinkedIn Events te facilita encontrar eventos que coincidan con tus intereses profesionales o de industria. Puedes buscar eventos a través de la barra de búsqueda de LinkedIn o navegar por las recomendaciones personalizadas basadas en tu red y tus intereses. Esto te permite estar al tanto de los talleres, seminarios, webinars y otros eventos que podrían enriquecer tu conocimiento y habilidades.

Una vez que encuentres un evento de tu interés, puedes inscribirte fácilmente a través de la página del evento. Participar en estos eventos te da la oportunidad de aprender de expertos en tu campo, hacer preguntas en tiempo real y participar en discusiones relevantes. Durante y después del evento, tienes la oportunidad de interactuar con otros asistentes, ponentes y organizadores. Puedes enviar solicitudes de conexión, compartir tus ideas y discutir temas del evento, lo que puede abrir puertas a nuevas oportunidades de colaboración o empleo. Después del evento, aprovecha para hacer seguimiento con las nuevas conexiones que hayas realizado. Puedes enviarles mensajes agradeciendo por la conversación o discutir puntos de interés mutuo.

Estos eventos representan oportunidades ideales para conectarte con personas fuera de tu círculo habitual, permitiéndote ampliar tu red con contactos valiosos. Haz un esfuerzo por asistir a webinars, talleres y conferencias que aborden temas de tu interés o que estén relacionados con las industrias que deseas explorar. La participación en estos eventos no solo te brinda conocimientos valiosos, sino que también te permite interactuar directamente con otros profesionales, facilitando la creación de nuevas conexiones.

Utilización de plataformas para la investigación

Las plataformas y la inteligencia artificial ofrece herramientas poderosas que pueden enriquecer tu estrategia de networking en LinkedIn. Plataformas como **Crunchbase** y **Owler** te proporcionan información detallada sobre empresas, startups y líderes de industrias específicas. Esta información puede ser invaluable para identificar oportunidades de colaboración y para entender mejor los desafíos y tendencias actuales en campos de tu interés. Al integrar estas herramientas en tu estrategia de LinkedIn, puedes acelerar el proceso de investigación y establecer conexiones más significativas con profesionales y empresas que complementen tus objetivos profesionales.

Crunchbase es conocida por su amplia base de datos que ofrece información detallada sobre financiamiento de empresas, adquisiciones, fusiones y tendencias de la industria. Puedes realizar búsquedas específicas para encontrar empresas por nombre, sector, ubicación o etapa de financiamiento. Además, **Crunchbase** te puede proporcionar perfiles de empresas que incluyen datos sobre rondas de financiación, inversores, miembros clave del equipo y noticias relacionadas. Esta información es invaluable para inversores que buscan oportunidades de inversión y para profesionales que desean entender mejor el panorama competitivo de su industria.

Owler se especializa en ofrecer inteligencia competitiva y análisis de mercado. Aquí podrás seguir a empresas específicas para recibir actualizaciones regulares, incluyendo noticias de la industria, cambios en la dirección ejecutiva y estimaciones de ingresos. También te proporciona comparaciones directas entre empresas, lo que te permite evaluar a tus competidores y entender su posición en el mercado. Esta plataforma es particularmente útil para líderes empresariales y equipos de marketing que buscan mantenerse al tanto de las tendencias de la industria y las actividades de sus competidores.

Al implementar estas estrategias, no solo ampliarás tu red más allá de tu industria, sino que también abrirás puertas a un sinfín de oportunidades de crecimiento y colaboración. Recuerda que la clave del éxito en LinkedIn radica en la autenticidad de tus interacciones y en la calidad de las conexiones que establezcas.

Berkshire Hathaway, de Warren Buffett, da claves

Charlie Munger, vicepresidente de Berkshire Hathaway, es conocido por su enfoque interdisciplinario para el aprendizaje y la toma de decisiones. Aunque no es un caso de éxito de LinkedIn per se, su filosofía subraya la importancia de construir una red diversa. Munger aboga por desarrollar un "conjunto de herramientas" interfuncionales, lo que implica aprender de diversas disciplinas y aplicar ese conocimiento de manera cruzada. Esta mentalidad puede aplicarse a LinkedIn al conectarte y aprender de profesionales en una amplia gama de industrias, lo que enriquece tu perspectiva y potencialmente abre nuevas oportunidades.

Sé curioso y comprometido: Muestra interés genuino en el trabajo de otros y haz preguntas. La curiosidad es una excelente manera de iniciar conversaciones y construir conexiones significativas.

Aporta valor: Comparte tu conocimiento y experiencia

libremente. Esto no solo ayuda a establecer tu credibilidad sino que también fomenta relaciones basadas en el intercambio mutuo de valor.

Mantén el contacto de manera consciente: Construir una red diversa requiere esfuerzo y dedicación. Mantén el contacto con tus conexiones, incluso si no hay una necesidad inmediata, para cultivar relaciones duraderas.

Expandir tu red más allá de tu industria en LinkedIn te permite acceder a nuevas ideas, oportunidades y perspectivas que pueden enriquecer tu carrera profesional y personal. Al adoptar una mentalidad abierta y aplicar estas estrategias, puedes construir una red verdaderamente diversa y valiosa.

La IA para potenciar tu Red

Mantener y participar activamente en tu red de LinkedIn es crucial para fomentar que tus relaciones profesionales sean duraderas y significativas. Aquí hay algunas estrategias clave para mantener tu red vibrante y comprometida:

Maximiza tu impacto: Publicaciones estratégicas

En el dinámico mundo de LinkedIn, la clave para destacar radica en la consistencia y relevancia de tu contenido. Imagina cada publicación como un hilo conductor que teje la tela de tu marca personal, donde herramientas de inteligencia artificial como **Lately** se convierten en tus aliadas, automatizando y optimizando tu presencia digital. Al compartir actualizaciones, artículos y perspectivas que resuenen con tu industria, no solo mantienes tu perfil vibrante, sino que también te posicionas como una voz autorizada en tu campo, atrayendo a aquellos que valoran tu conocimiento y experiencia.

La Magia de conectar con contenido de otros

Más allá de ser un mero espectador en LinkedIn, sumérgete en el arte de la interacción. Cada comentario o compartido es una semilla plantada en el jardín de las relaciones profesionales. Herramientas como **Buffer** pueden ser tu brújula, guiándote hacia el contenido que más resuena con tu audiencia, permitiéndote no solo participar en conversaciones significativas sino también amplificar voces que complementan y enriquecen tu red. Esta práctica no solo eleva tu visibilidad, sino que también fomenta un sentido de comunidad y colaboración.

El Toque personal en la era digital

En un mar de comunicaciones genéricas, los mensajes personalizados son tu faro de autenticidad. Imagina recibir un mensaje que resuena contigo a nivel personal; ese es el poder de la personalización. Con la ayuda de herramientas como **Crystal Knows**, que emple IA para adaptar tu comunicación a la personalidad de tu destinatario, puedes transformar un simple saludo en una conexión significativa. Ya sea felicitando por un logro o comentando sobre un interés compartido, cada mensaje es una oportunidad para profundizar relaciones y abrir puertas a colaboraciones futuras.

Los eventos virtuales para tejer redes digitales

Los eventos de LinkedIn son el escenario perfecto para reunir mentes afines y corazones apasionados por temas comunes. Con la integración de plataformas como **Meetup** y **Eventbrite**, organizar y participar en eventos virtuales se convierte en una experiencia fluida y enriquecedora. Estos encuentros no solo son una oportunidad para aprender y compartir conocimientos, sino también para fortalecer lazos dentro de tu red, creando un ecosistema de apoyo mutuo y crecimiento colectivo. En este espacio virtual, cada evento es una puerta abierta a nuevas posibilidades, donde la colaboración y el intercambio de ideas florecen.

Al abrazar estas estrategias y herramientas, tu viaje en LinkedIn se transforma en una aventura enriquecedora, donde cada publicación, interacción y evento te acerca un paso más a tus objetivos profesionales. Mantén tu presencia activa y comprometida, y verás cómo LinkedIn se convierte en un catalizador para tu crecimiento y éxito profesional.

Leanne Calderwood aplica sus propios consejos

Leanne Calderwood, en su artículo "7 Tips for Engaging With Your LinkedIn Connections", destaca la importancia de una presencia activa y estratégica en LinkedIn para los profesionales de ventas B2B. Calderwood sugiere completar detalladamente el perfil de LinkedIn para establecer confianza y relaciones, conectar con mensajes personalizados para destacar entre la multitud, y ser selectivo al aceptar invitaciones para mantener una red de calidad. Además, recomienda publicar contenido relevante, interactuar con el contenido de otros, y utilizar recomendaciones y presentaciones para fortalecer las conexiones. Estas prácticas no solo aumentan la participación en LinkedIn, sino que también fomentan el crecimiento profesional y la expansión de la red.

Siguiendo sus propios consejos, Leanne ha logrado aumentar significativamente su participación en LinkedIn, lo que le ha permitido fortalecer sus relaciones profesionales y expandir su red en la industria de reuniones.

Apoyo de Herramientas de LinkedIn

LinkedIn te puede ofrecer una gran variedad de herramientas y funciones diseñadas para facilitar y mejorar la construcción de tus redes. Aquí te dejo algunas que te puedes resultar clave en tu desarrollo de redes.

LinkedIn Premium

Imagina tener una llave maestra que abre puertas a oportunidades ocultas en el vasto mundo profesional. Eso es LinkedIn Premium. No es solo una versión mejorada; es tu aliado estratégico para destacar en la multitud digital. Con esta herramienta, descubrirás quién se fija en ti, enviarás mensajes directos a líderes y tendrás acceso a información privilegiada sobre empresas y ofertas laborales. Es como tener un faro que guía tu camino hacia conexiones significativas y oportunidades doradas, todo mientras te capacitas con cursos de LinkedIn Learning para brillar aún más.

LinkedIn Alumni

Piensa en LinkedIn Alumni como un puente hacia tu pasado académico que te conecta con un futuro prometedor. Esta función te permite explorar los logros de excompañeros y reavivar viejas amistades con un propósito profesional. Es una ventana a las trayectorias de aquellos con quienes compartiste aulas, ofreciéndote la oportunidad de tejer una red de contactos enriquecida por experiencias y educación compartidas. Es tu herramienta para descubrir mentorías, oportunidades laborales y colaboraciones, todo dentro de un círculo de confianza forjado en los bancos de la universidad.

LinkedIn Events

LinkedIn Events transforma la forma en que interactuamos profesionalmente, convirtiéndose en el escenario perfecto para seminarios, talleres y reuniones. Ya sea como anfitrión o participante, esta función te coloca en el centro de la acción, permitiéndote conectar con un público afín y expandir tu red de contactos. Imagina organizar un evento que atraiga a expertos de tu sector o unirte a un taller que te inspire nuevas ideas. LinkedIn Events es tu plataforma para crecer, aprender y conectar, todo en un entorno profesional y orientado al negocio.

LinkedIn Learning

LinkedIn Learning es el combustible que potencia tu viaje de desarrollo profesional. Con una biblioteca de cursos impartidos por expertos, esta plataforma es tu trampolín hacia nuevas habilidades y conocimientos. Ya sea para dominar una nueva tecnología o perfeccionar tus dotes de liderazgo, LinkedIn Learning te acompaña en cada paso, permitiéndote añadir certificados a tu perfil que demuestran tu compromiso con el aprendizaje continuo. Es más que formación; es una inversión en tu futuro profesional que te posiciona como un candidato atractivo en el mercado laboral.

Mensajes personalizados

Los mensajes personalizados son el pincel con el que pintas tu presencia en LinkedIn. No se trata solo de enviar invitaciones; es sobre crear conexiones genuinas y memorables. Al personalizar tus mensajes, muestras que te importa, que has dedicado tiempo a conocer a la persona al otro lado de la pantalla. Ya sea felicitando por un logro reciente o proponiendo una colaboración, cada mensaje es una oportunidad para abrir puertas a nuevas aventuras profesionales y fortalecer tu red con lazos significativos.

Recomendaciones y endorsements

Las recomendaciones y endorsements en LinkedIn son el eco de tu profesionalismo y habilidades. Mientras las recomendaciones son relatos detallados de tus logros y capacidades, escritos por aquellos que han trabajado contigo, los endorsements son sellos rápidos de aprobación de tus habilidades. Ambos enriquecen tu perfil, ofreciendo a visitantes una visión completa de tu competencia y credibilidad. Invita a colegas y supervisores a compartir su experiencia contigo y devuelve el favor, creando una atmósfera de apoyo mutuo que eleva a toda tu red.

Innovatech Solutions utiliza las herramientas de LinkedIn

Innovatech Solutions, una empresa emergente en el sector tecnológico, utilizó estratégicamente LinkedIn Alumni para reconectar con exalumnos de prestigiosas universidades, lo que les permitió acceder a un amplio rango de talentos y oportunidades de colaboración. A través de LinkedIn Events, organizaron y participaron en varios eventos relacionados con la tecnología, aumentando su visibilidad y estableciendo conexiones clave en la industria. Además, al fomentar un ambiente donde los empleados intercambian recomendaciones, lograron mejorar significativamente la credibilidad y el perfil profesional de su equipo. Como resultado, Innovatech Solutions experimentó un crecimiento del 120% en su red profesional en un año, lo que contribuyó a su expansión y éxito en el mercado.

Conclusiones

Al concluir este capítulo sobre la construcción y el mantenimiento de una red poderosa en LinkedIn, es esencial reflexionar sobre las estrategias clave que hemos explorado y cómo pueden aplicarse para el desarrollo continuo de tu red a largo plazo.

Primero, recuerda la importancia de optimizar tu perfil de LinkedIn. Un perfil completo y atractivo es tu carta de presentación ante el mundo profesional; asegúrate de que refleje fielmente tu experiencia, habilidades y objetivos profesionales. Utiliza palabras clave relevantes para aumentar tu visibilidad y atraer a las conexiones adecuadas.

La participación activa es otro pilar fundamental. Compartir contenido valioso, comentar en publicaciones de otros y participar en discusiones no solo mantiene tu perfil activo, sino que también te posiciona como un líder de pensamiento en tu campo. Herramientas de IA como **BuzzSumo** pueden ayudarte a identificar temas de tendencia y generar ideas de contenido que resuenen con tu audiencia.

No subestimes el poder de conectar de manera personalizada. Ya sea a través de LinkedIn Alumni, eventos o recomendaciones, personalizar tus interacciones crea una base sólida para relaciones duraderas. Recuerda, la calidad de las conexiones a menudo supera la cantidad. A largo plazo, es crucial adoptar un enfoque estratégico y medido para el crecimiento de tu red. Establece objetivos claros para tu networking en LinkedIn y revisa regularmente tu estrategia para asegurarte de que estás en el camino correcto. LinkedIn Analytics puede ser una herramienta invaluable en este proceso, ofreciéndote insights sobre el rendimiento de tu contenido y la evolución de tu red.

Finalmente, mantén una mentalidad de aprendizaje y adaptabilidad. El mundo profesional y las plataformas de redes sociales están en constante evolución; estar dispuesto a adaptar tu enfoque y experimentar con nuevas estrategias te mantendrá relevante y comprometido con tu red. En resumen, construir y mantener una red poderosa en LinkedIn requiere compromiso, estrategia y una dosis saludable de autenticidad. Al seguir estas mejores prácticas y permanecer abierto a nuevas oportunidades y conexiones, puedes asegurar un crecimiento continuo y significativo de tu red profesional en LinkedIn, abriendo puertas a innumerables oportunidades de carrera y colaboración.

CAPÍTULO 4
CREAR UN PERFIL DE LINKEDIN
EFICAZ

En el vasto mundo digital de hoy, donde las primeras impresiones son a menudo virtuales, tu perfil de LinkedIn actúa como tu tarjeta de presentación profesional en línea. No es solo un resumen de tu experiencia laboral y educación; es una plataforma poderosa para contar tu historia profesional, destacar tus habilidades y, lo más importante, proyectar tu marca personal. Un perfil de LinkedIn optimizado no solo te hace descubrible para oportunidades de carrera y networking, sino que también te permite establecer y controlar la narrativa de tu trayectoria profesional.

Tu marca personal, ese conjunto único de habilidades, experiencias y valores que te distinguen, se refleja en cada elemento de tu perfil de LinkedIn. Desde la foto de perfil que eliges hasta las palabras que usas para describir tu experiencia laboral, cada detalle contribuye a la impresión general que los demás tienen de ti. En un mundo donde los reclutadores y los profesionales de negocios recurren cada vez más a LinkedIn para buscar talento y posibles colaboraciones, tener un perfil bien pulido es crucial.

Además, tu perfil de LinkedIn es una plataforma dinámica que te permite no solo presentarte ante el mundo profesional sino también interactuar con él. A través de tus publicaciones, artículos y participación en discusiones, puedes demostrar tu conocimiento en tu campo, compartir tus ideas y perspectivas, y contribuir a tu industria. Esta interacción continua no solo mantiene tu perfil activo y relevante, sino que también fortalece tu marca personal, estableciéndote como un líder de pensamiento en tu área.

En el presente capítulo, explorarás cómo crear un perfil de LinkedIn eficaz, destacando la importancia de este como tu tarjeta de presentación profesional en línea. Se enfatiza en la proyección de tu marca personal a través de cada elemento de tu perfil, desde la foto hasta la descripción de tu experiencia laboral. Se discute cómo un perfil optimizado mejora tu visibilidad para oportunidades de carrera y networking, y cómo la interacción activa en la plataforma, como publicaciones y participación en discusiones, refuerza tu marca personal y te establece como líder de pensamiento en tu área.

La foto de perfil y la imagen de fondo

En el mundo profesional de LinkedIn, tu foto de perfil y tu imagen de fondo son más que meros adornos; son herramientas esenciales de comunicación visual que hablan antes de que tú lo hagas. La elección adecuada de estas imágenes es fundamental para proyectar una imagen profesional y auténtica que resuene con tu marca personal.

Foto de perfil

Tu foto de perfil es tu saludo virtual en LinkedIn. Debe ser profesional, clara y amigable, reflejando tu profesionalismo y accesibilidad. Considera una foto que capture directamente tu rostro con una sonrisa genuina, en un fondo neutro, para transmitir confianza y calidez. Herramientas de IA como Photofeeler pueden proporcionarte retroalimentación valiosa sobre cómo tu foto es percibida por otros, ayudándote a elegir la que mejor represente tu marca personal.

Imagen de fondo

La imagen de fondo ofrece una oportunidad única para contar una historia más amplia sobre ti y tu carrera. Debe complementar tu foto de perfil sin distraer, potenciando tu mensaje profesional. Puede reflejar tu industria, tus pasiones o incluso logros clave. Canva ofrece plantillas diseñadas específicamente para fondos de LinkedIn, permitiéndote crear una imagen que refuerce tu marca personal sin necesidad de habilidades avanzadas de diseño gráfico.

Consejos para las elecciones clave

Consistencia con tu marca personal: Asegúrate de que tanto tu foto de perfil como tu imagen de fondo estén alineadas con tu marca personal y tu narrativa profesional.

Claridad y calidad: Opta por imágenes de alta resolución y bien iluminadas para asegurar una presentación profesional.

Mensaje y propósito: Reflexiona sobre lo que deseas comunicar con tu imagen de fondo y elige una imagen que hable sin palabras.

El titular: Tu declaración de marca

Tu titular en LinkedIn es tu oportunidad de brillar, una declaración de marca que condensa tu esencia profesional en unas pocas palabras impactantes. Este no es solo un espacio para tu título profesional; es una plataforma para comunicar tu valor único y diferenciarte en el vasto mar de profesionales en LinkedIn. Inspirándonos en los consejos de Diana YK Chan, MBA, en su artículo "How to Optimize Your LinkedIn Profile & Make It Stand Out", aquí te presentamos cómo puedes transformar tu titular en una poderosa declaración de marca:

Claridad y precisión

Un titular efectivo debe ser claro y directo, reflejando tu rol profesional, tus especialidades o tu propuesta de valor única. Debe contener palabras clave relevantes para tu industria, mejorando así tu visibilidad en las búsquedas relacionadas con tu campo. Diana YK Chan resalta la importancia de tener un perfil completo y optimizado, lo que incluye un titular que hable directamente a tu audiencia y mejore tus posibilidades de ser descubierto.

Incorporación de la propuesta de valor

Más allá de tu título profesional, tu titular debe comunicar cómo aportas valor. ¿Qué te hace destacar en tu campo? ¿Cómo contribuyes al éxito de tus clientes o empresa? Chan sugiere que una propuesta de valor clara y convincente en tu titular puede diferenciarte significativamente en un mercado saturado.

Un perfil optimizado, el caso de Vivian Nwogu

Vivian Nwogu, una experta en visibilidad de LinkedIn, ha demostrado el impacto de un perfil bien optimizado a través de sus clientes. Uno de ellos experimentó un aumento notable en seguidores, impresiones de publicaciones, vistas de perfil y apariciones en búsquedas, lo que finalmente condujo a la adquisición de nuevos contratos comerciales significativos. Este éxito subraya el poder de un titular optimizado y una estrategia de perfil coherente.

El resumen: Narrando tu historia

El resumen de tu perfil de LinkedIn es una oportunidad invaluable para contar tu historia profesional de una manera que resuene con tu audiencia, destacando no solo lo que has hecho, sino quién eres y por qué haces lo que haces. Este espacio te permite ir más allá de una simple enumeración de títulos y habilidades, ofreciéndote la posibilidad de mostrar tu valor único y tus logros de una forma más personal y atractiva. Según expertos en marketing y branding personal, como los citados en HubSpot, un resumen bien elaborado debe comenzar con un gancho fuerte que capte la atención inmediata de tu audiencia. Podría ser una pregunta provocativa, una afirmación audaz o una anécdota intrigante que invite a los lectores a querer saber más sobre ti y tu trayectoria profesional.

Una vez captada la atención, es crucial que tu resumen destaque tu propuesta de valor única. ¿Qué te hace diferente de los demás en tu campo? ¿Cómo has contribuido al éxito de tus proyectos o equipos anteriores? Es aquí donde debes ilustrar tus logros con ejemplos específicos y resultados medibles, lo que no solo añade credibilidad a tu perfil, sino que también permite a los espectadores entender el impacto real de tu trabajo. Las herramientas de inteligencia artificial, como **SEMrush**, pueden ser de gran ayuda para identificar y utilizar estratégicamente palabras clave relevantes en tu industria, lo que mejora tu visibilidad en las búsquedas y asegura que tu perfil sea encontrado por las personas adecuadas.

Además de destacar tus logros profesionales, tu resumen debe ofrecer un vistazo a tu personalidad y pasiones fuera del trabajo. Compartir aspectos de tu vida personal o intereses puede hacer que tu perfil sea más memorable y relatable, estableciendo una conexión más profunda con tu audiencia. Como sugiere HubSpot, la autenticidad es clave; los lectores aprecian y se sienten más atraídos por perfiles que se sienten genuinos y no excesivamente comerciales. La forma en que presentas tu contenido también es importante. Utilizar un formato claro, con párrafos bien estructurados y puntos destacados, puede hacer que tu resumen sea más accesible y agradable de leer, permitiendo a los espectadores captar rápidamente la esencia de tu perfil profesional.

Los consejos de Kate Reilly para un perfil genial

El artículo de LinkedIn "14 LinkedIn Profile Summaries That We Love (And How to Boost Your Own)" por Kate Reilly destaca ejemplos excepcionales de resúmenes de perfil que combinan personalización, claridad y uso estratégico de palabras clave.

Aunque no se centra en un caso de éxito individual, ofrece inspiración y consejos prácticos para que los profesionales mejoren sus resúmenes, destacando la importancia de reflejar autenticidad, enfocar en áreas clave de expertise y optimizar la visibilidad mediante palabras clave relevantes.

Experiencia y educación: Credibilidad

La sección de experiencia y educación en tu perfil de LinkedIn es fundamental para construir y demostrar tu credibilidad profesional. Aquí es donde puedes detallar tu trayectoria laboral, resaltar tus logros significativos y mostrar tu formación académica, todo lo cual contribuye a una imagen completa de tu competencia y experiencia. Esta sección no solo informa a los posibles empleadores y conexiones sobre tu pasado profesional y académico, sino que también ofrece una oportunidad para contar tu historia de crecimiento y desarrollo en tu carrera.

Detallando tu experiencia laboral

Cuando detallas tu experiencia laboral, es crucial ir más allá de la simple enumeración de puestos y responsabilidades. La clave está en narrar el impacto que has tenido en cada posición. Utiliza el método STAR (Situación, Tarea, Acción, Resultado) para describir situaciones específicas, las tareas que realizaste, las acciones que emprendiste y los resultados tangibles que lograste. Esto no solo proporciona un contexto claro sobre tu rol y contribuciones, sino que también destaca tu capacidad para generar resultados positivos. Como lo demuestra la historia de éxito de Natalie Gullatt, un perfil bien elaborado que resalta logros específicos puede captar la atención de los reclutadores y abrir puertas a nuevas oportunidades.

Resaltando tu educación

En cuanto a la educación, es más que listar grados y certificaciones. Es una oportunidad para mostrar cómo tu formación académica te ha preparado para tu carrera. Incluye cualquier distinción o reconocimiento que hayas recibido, proyectos relevantes en los que hayas trabajado o habilidades especiales que hayas desarrollado durante tus estudios. Esto no solo refuerza tu credibilidad en tu campo, sino que también puede proporcionar puntos de conversación interesantes que te diferencien de otros candidatos.

La importancia de la personalización y la narrativa

Personalizar estas secciones para reflejar tu viaje único es esencial. Cada experiencia laboral y logro educativo es parte de tu historia profesional. Al presentar estos elementos de manera cohesiva y reflexiva, estás narrando tu evolución profesional y destacando cómo cada experiencia te ha llevado a donde estás hoy. Esto crea una narrativa convincente que puede resonar con tu audiencia, ya sean reclutadores, colegas de la industria o posibles socios comerciales.

Al considerar tu propia sección de experiencia y educación, piensa en cómo puedes utilizar tu perfil de LinkedIn no solo para enumerar tus credenciales, sino para contar la historia de tu crecimiento profesional, tus logros y cómo te has preparado para los desafíos y oportunidades futuras. Al hacerlo, no solo estás construyendo tu credibilidad, sino también estableciendo una marca personal fuerte que puede abrirte nuevas puertas en tu carrera.

Un perfil bien elaborado hizo maravillas con Natalie Gullatt

Natalie Gullatt comparte su historia de éxito en LinkedIn, destacando cómo la optimización de su perfil la llevó a conseguir dos trabajos significativos. En 2015, obtuvo su primer empleo de tiempo completo en marketing en LivePerson aplicando a través de LinkedIn, gracias a un perfil bien elaborado que incluía endosos y actividad relacionada con el marketing. Más tarde, después de mejorar aún más su perfil con contenido propio, blogs escritos y habilidades adquiridas, los reclutadores comenzaron a contactarla regularmente. Esta actividad en LinkedIn la llevó a conseguir su trabajo actual en Oldcastle, donde recibió una oferta que incluía el salario deseado y un aumento significativo de sueldo. La historia de Natalie subraya la importancia de un perfil completo y activo en LinkedIn para abrir puertas profesionales.

Habilidades, endosos y recomendaciones: Validación

La sección de habilidades, endosos y recomendaciones en tu perfil de LinkedIn es crucial para validar tu experiencia y construir tu credibilidad en la plataforma. Estos elementos actúan como un testimonio social de tus capacidades y logros, ofreciendo a los visitantes de tu perfil una visión más completa de tu perfil profesional.

Habilidades y endosos

La sección de habilidades te permite listar las competencias que has adquirido a lo largo de tu carrera. Es importante seleccionar habilidades que sean relevantes para tu industria y tus objetivos profesionales. Herramientas de inteligencia artificial, como el generador de recomendaciones de LinkedIn de **MatchBuilt**, pueden ayudarte a identificar y priorizar las habilidades que son más valoradas en tu campo, asegurando que tu perfil resalte entre la multitud.

Los endosos, por otro lado, son confirmaciones de tus habilidades por parte de tus conexiones. Un alto número de endosos en habilidades clave puede aumentar significativamente tu credibilidad. Para obtener endosos, comienza por respaldar las habilidades de tus conexiones; a menudo, encontrarás que muchas de ellas te devolverán el favor. Además, no dudes en pedir endosos a colegas con los que has trabajado estrechamente, asegurándote de que sus testimonios reflejen genuinamente tu experiencia y competencia.

Recomendaciones

Las recomendaciones son testimonios escritos que profundizan en tu ética de trabajo, tus logros y tu impacto en proyectos anteriores. Son especialmente valiosas porque proporcionan un contexto narrativo a tu experiencia laboral y educativa. Para solicitar recomendaciones, elige conexiones que te conozcan bien y puedan hablar con autoridad sobre tus contribuciones y desempeño. Personaliza cada solicitud explicando por qué valoras su recomendación y, si es posible, señala proyectos o logros específicos que te gustaría que destacaran.

Al solicitar y ofrecer recomendaciones, asegúrate de ser específico y sincero. Una recomendación bien escrita no solo elogia, sino que también ilustra con ejemplos concretos el impacto y las contribuciones del recomendado. Utiliza un lenguaje dinámico y cuantifica el éxito siempre que sea posible para añadir autenticidad y profundidad a tu perfil.

Utilización de herramientas de IA

Las herramientas de inteligencia artificial pueden desempeñar un papel vital en la optimización de esta sección de tu perfil. Desde generadores de recomendaciones hasta analizadores de habilidades, estas herramientas pueden proporcionarte insights valiosos sobre cómo presentar tus competencias de manera que resuene con tu audiencia objetivo. Por ejemplo, el generador de recomendaciones de AI de **MatchBuilt** puede ayudarte a redactar recomendaciones impactantes que resalten tus logros de manera efectiva.

El impacto que descubrió Justin Gray

Justin Gray reflexiona sobre la importancia de las habilidades y endosos en LinkedIn, destacando cómo organizó sus habilidades de manera lógica y relevante para su carrera. Al investigar cómo LinkedIn pondera estas secciones para las búsquedas, descubrió su impacto crucial en la visibilidad del perfil. Gray plantea preguntas sobre la autenticidad de los endosos y cómo obtenerlos sin comprometer la integridad del perfil, invitando a profesionales de adquisición de talento a compartir sus experiencias y estrategias.

Conclusiones

Crear y mantener un perfil de LinkedIn excepcional es un proceso continuo que requiere atención, actualización y refinamiento regulares. Un perfil destacado no solo refleja tu trayectoria profesional y logros hasta la fecha, sino que también debe evolucionar con tu carrera, manteniéndose relevante y atractivo para tu red y posibles empleadores o socios. A lo largo de este capítulo, hemos explorado diversas secciones críticas de tu perfil de LinkedIn y discutido estrategias para optimizar cada una de ellas. Desde la importancia de un titular impactante y un resumen narrativo hasta la presentación detallada de tu experiencia, educación, habilidades y endosos, cada elemento de tu perfil contribuye a una imagen cohesiva y convincente de tu marca personal.

Una de las claves para un perfil eficaz es la autenticidad. Tu perfil debe ser un reflejo fiel de quién eres profesionalmente y personalmente, destacando no solo tus habilidades y logros, sino también tus valores, pasiones y la visión única que aportas a tu campo. La personalización y la narrativa son esenciales; contar tu historia de una manera que resuene con tu audiencia puede diferenciarte significativamente en un mercado saturado.

La actualización regular de tu perfil es igualmente importante. A medida que avanzas en tu carrera, adquieres nuevas habilidades, completas proyectos significativos y alcanzas nuevos logros, asegúrate de reflejar estos desarrollos en tu perfil. Esto no solo mantiene tu perfil actualizado, sino que también demuestra tu compromiso con el crecimiento profesional y el aprendizaje continuo.

Además, la interacción activa en la plataforma puede amplificar significativamente el impacto de tu perfil. Compartir contenido relevante, participar en discusiones y contribuir con tus conocimientos y experiencias no solo aumenta tu visibilidad, sino que también establece tu autoridad y experiencia en tu industria. La construcción de una red sólida y el fomento de relaciones significativas en LinkedIn pueden abrir nuevas oportunidades y caminos en tu carrera.

En resumen, un perfil de LinkedIn excepcional es aquel que combina autenticidad, narrativa personal, actualización constante y participación activa. Al seguir estas mejores prácticas, puedes asegurarte de que tu perfil no solo capture la esencia de tu trayectoria profesional, sino que también te posicione de manera óptima para futuras oportunidades y crecimiento en tu carrera. Recuerda, tu perfil de LinkedIn es una herramienta dinámica en tu arsenal profesional; invierte tiempo y esfuerzo en él, y cosecharás los beneficios a largo plazo.

CAPÍTULO 5
CREAR CONTENIDO ATRACTIVO EN
LINKEDIN

Imagina LinkedIn como un escenario global donde tú y tu empresa tienen la oportunidad de brillar. Aquí, el contenido atractivo no es solo una opción; es tu boleto para destacar, conectar y abrir puertas a nuevas oportunidades. Este capítulo está dedicado a mostrarte cómo puedes crear contenido que no solo capture la atención de tu red, sino que también resuene con otras empresas, fomentando relaciones profesionales valiosas y potenciando el crecimiento de tu negocio.

Piénsalo, cada vez que compartes una publicación, un artículo o un video en LinkedIn, estás contando una historia. No se trata solo de lo que has logrado o de los servicios que ofrece tu empresa; es sobre compartir tu viaje, tus desafíos, tus soluciones y lo que te apasiona. Este tipo de contenido crea una conexión auténtica con tu audiencia, mostrando no solo tu experiencia, sino también los valores y la cultura de tu empresa.

Pero aquí viene el desafío. ¿Cómo asegurarte de que tu contenido se destaque en un mar de información y realmente enganche a tu audiencia y a otras empresas? No basta con publicar por publicar. Necesitas una estrategia que te permita hablar directamente a los intereses y necesidades de tu comunidad, manteniendo al mismo tiempo una voz auténtica y genuina.

Y sí, sé que mantenerse al día con las últimas tendencias y entender qué resonará con tu audiencia puede parecer abrumador. Pero aquí es donde las herramientas de inteligencia artificial pueden ser tus mejores aliadas. Imagina tener la capacidad de analizar tendencias, predecir intereses y personalizar tu contenido para que hable directamente a las personas y empresas que quieres alcanzar. Eso es exactamente lo que la IA puede hacer por ti.

A lo largo de este capítulo, te guiaré sobre cómo puedes utilizar tu conocimiento, tu pasión y las herramientas de IA para crear contenido que no solo informe y entretenga, sino que también inspire a tu audiencia a interactuar, conectar y, quién sabe, quizás incluso colaborar contigo y tu empresa. Desde planificar tu calendario de contenido hasta medir el impacto de tus publicaciones, te mostraré cómo convertir tu perfil de LinkedIn en un espacio dinámico que refleje tu profesionalismo y el de tu empresa, atrayendo así nuevas oportunidades y fortaleciendo tu presencia en el mundo digital.

Conocer a tu audiencia

Identifica las audiencias objetivo

Entender a quién le estás hablando es esencial, ya seas un profesional individual o representes a una empresa. Identificar y conectar con tu audiencia objetivo en LinkedIn puede parecer una tarea desalentadora, pero es fundamental para asegurar que tu contenido no solo sea visto, sino que también resuene y genere engagement. Andrew Bailey en LeadsBridge nos ofrece una guía completa para navegar este desafío, equipándote con estrategias efectivas para llegar a tu "tribu" en LinkedIn y optimizar el impacto de cada publicación e interacción.

Pero, ¿qué es audiencia objetivo en LinkedIn? Bueno, se trata de un grupo específico de usuarios de LinkedIn que se alinean con los datos de perfil, roles laborales, intereses y más, que son relevantes para tu marca o mensaje. Esta focalización te permite crear contenido y adaptar tu publicidad para resonar más efectivamente con ellos, lo que lleva a un mayor retorno de inversión en tus actividades de marketing en LinkedIn.

Utilizando el potencial del mismo LinkedIn

Sigamos con la segmentación. LinkedIn ofrece una variedad de opciones de segmentación poderosas, desde la localización geográfica hasta el enfoque en colaboradores de ciertas compañías, roles laborales específicos, sectores industriales, intereses profesionales y niveles de experiencia. Dominar estas herramientas de segmentación te permite afinar tu enfoque y asegurar que tu contenido llegue a las personas más relevantes.

Para encontrar tu audiencia objetivo en la plataforma, puedes comenzar utilizando los filtros de búsqueda avanzada de LinkedIn, analizar a tus competidores para ver con quién interactúan, aprovechar las redes de empleados y exalumnos, y estudiar las analíticas de tu página para entender quién interactúa con tu contenido. Estas estrategias te ayudarán a refinar tu búsqueda y asegurar que tu contenido llegue a las personas adecuadas.

Plataformas de IA que te llevarán a otro nivel

Imagina tener en tu arsenal herramientas como **Crystal Knows** y **Leadfeeder**, que utilizan IA para darte una visión profunda de quién es tu audiencia y cómo interactuar con ella de manera efectiva.

Crystal Knows, por ejemplo, es una herramienta de IA que te proporciona insights sobre la personalidad de tus contactos en LinkedIn, ayudándote a personalizar tu comunicación y contenido para resonar mejor con ellos. Al comprender mejor las preferencias y estilos de comunicación de tu audiencia, puedes adaptar tu mensaje para que sea más atractivo y relevante. Por otro lado, **Leadfeeder** utiliza IA para rastrear quién visita tu sitio web y cómo interactúan con tu contenido, proporcionando datos valiosos que puedes usar para identificar empresas interesadas en tus servicios. Al integrar esta información con tu estrategia de contenido en LinkedIn, puedes dirigirte de manera más efectiva a empresas que ya han mostrado interés en lo que ofreces, aumentando así las posibilidades de engagement y conversión.

La compañía Adobe da en el blanco

Adobe transformó su Adobe Summit anual en un evento virtual utilizando LinkedIn, superando sus objetivos de registro al triplicar su meta inicial y alcanzar más de 28.000 vistas en las primeras 24 horas. El evento virtual logró un impresionante total de más de 700.000 vistas y generó más de 40 millones de impresiones sociales, junto con más de 2.000 reacciones y comentarios. Este éxito destaca cómo una estrategia de contenido bien adaptada a la audiencia de LinkedIn puede resultar en un engagement significativo y alcanzar objetivos de marketing ambiciosos, incluso frente a desafíos inesperados.

Planificación del contenido

La planificación de contenido es como trazar un mapa para un viaje emocionante en LinkedIn. No se trata solo de decidir a dónde quieres ir, sino también de cómo quieres llegar allí, qué paradas quieres hacer en el camino y cómo quieres que tu audiencia se sienta durante el viaje. Y aquí es donde entra en juego la estrategia de tu calendario de contenido. Es tu plan maestro para asegurarte de que cada pieza de contenido que compartes no solo sea coherente y relevante, sino que también te acerque a tus objetivos finales, ya sea aumentar tu visibilidad, establecer tu autoridad en tu campo o conectar con otras empresas.

Herramientas para apoyar tu planificación

Pero, ¿cómo puedes crear un calendario de contenido que realmente funcione para ti y tu empresa? Bueno, imagina tener herramientas de IA como **BuzzSumo** y **Hootsuite Insights** a tu disposición. Estas plataformas pueden ayudarte a identificar las tendencias de contenido que están resonando en tu industria, analizar qué tipo de contenido genera más engagement entre tu audiencia y, lo más importante, planificar tu contenido de manera que se alinee con estos insights.

Por ejemplo, **BuzzSumo** te permite explorar los temas más populares y ver qué está compartiendo y discutiendo tu audiencia. Esta información es oro puro cuando se trata de generar ideas de contenido que sabes que resonarán. Por otro lado, **Hootsuite Insights** te ofrece una visión profunda de las conversaciones y tendencias en LinkedIn, permitiéndote ajustar tu estrategia de contenido en tiempo real para mantenerla relevante y atractiva.

La importancia del calendario

Para más detalles sobre cómo crear un calendario de contenido efectivo para tu equipo de marketing, puedes leer el artículo completo en LinkedIn: "What's the easiest way to create a content calendar for your marketing team?". Principalmente habla que para crear un calendario de contenido efectivo para tu equipo de marketing en LinkedIn debes comenzar con la definición clara de tus objetivos y audiencia. La clave es mantener un equilibrio entre contenido promocional y educativo, asegurando que cada publicación agregue valor a tu audiencia. Utiliza herramientas de planificación y colaboración para organizar y programar el contenido, permitiendo flexibilidad para adaptarte a las tendencias actuales. Involucra a tu equipo en la generación de ideas y asegúrate de que el calendario refleje la voz y los valores de tu marca, lo que facilitará la coherencia y la relevancia en tus esfuerzos de marketing en LinkedIn.

Mailchimp combina contenidos variado

MailChimp, conocida por su plataforma de marketing por

correo electrónico, implementó una estrategia de contenido en LinkedIn que equilibra lo profesional con lo alegre, transfiriendo prácticas de marketing visual de plataformas como Instagram a LinkedIn. La clave de su éxito radica en la integración de testimonios en video y estudios de caso escritos en su calendario de publicaciones en LinkedIn. Esto no solo proporciona a los seguidores conclusiones prácticas sobre los beneficios de sus servicios, sino que también transmite una fuerte sensación de la personalidad y los valores de la empresa.

Este enfoque demuestra que LinkedIn, a pesar de ser una plataforma para conversaciones profesionales, no tiene que limitarse a opiniones de la industria y contenido de formato largo. Los videos cortos con subtítulos, ilustraciones personalizadas y animaciones simples también tienen su lugar en LinkedIn, y MailChimp nos muestra cómo hacerlo efectivamente.

Creación de contenido atractivo

Crear contenido que capte la atención en LinkedIn es un arte y una ciencia. No se trata solo de lo que dices, sino de cómo lo dices y lo presentas. Aquí tienes algunos consejos para crear publicaciones, artículos, videos e infografías que no solo atraigan la mirada sino que también mantengan a tu audiencia enganchada.

A tener el cuenta respecto de un contenido atractivo

Autenticidad y Personalidad: La autenticidad es la clave para construir confianza con tu audiencia en LinkedIn.

Comparte historias personales o experiencias relacionadas con tu industria que muestren tu perspectiva única. La gente se conecta con personas, no con marcas, así que usa un tono conversacional e inyecta personalidad en tus publicaciones.

Contenido Visual: El contenido visual es más atractivo que el texto solo, así que intenta incluir imágenes o videos en tus publicaciones de LinkedIn siempre que sea posible. Puedes usar sitios de imágenes de stock gratuitas como Unsplash o Pexels para encontrar imágenes de alta calidad y relevantes que capten la atención de tu audiencia.

Concisión: Los usuarios de LinkedIn suelen desplazarse rápidamente por sus feeds, por lo que es importante que tus publicaciones sean concisas y al grano. Apunta a no más de 3-4 frases por publicación y usa viñetas o listas numeradas para dividir publicaciones más largas en fragmentos digeribles.

Interacción: Hacer preguntas o fomentar la discusión en tus publicaciones puede ayudar a aumentar el compromiso y alentar a tu audiencia a compartir sus pensamientos y opiniones. Usa llamados a la acción (CTAs) para alentar a tu audiencia a realizar una acción específica, como visitar tu sitio web o suscribirse a tu boletín.

Experimentación: No tengas miedo de mezclar tu contenido y probar diferentes tipos de publicaciones en LinkedIn. Experimenta con publicaciones largas, infografías o incluso Historias de LinkedIn para ver qué resuena mejor con tu audiencia. Usa las analíticas de LinkedIn para rastrear el rendimiento de tus publicaciones y refinar tu estrategia con el tiempo.

Innovando en contenidos con plataformas de IA

Ahora, para destacar en LinkedIn, no solo necesitas contenido atractivo, sino también innovador. Aquí es donde las herramientas de IA pueden ser tus aliadas, ayudándote a crear contenido novedoso que capte la atención de tu audiencia. Además de **Grammarly** y **Canva**, considera estas herramientas de IA para llevar tu contenido en LinkedIn al siguiente nivel:

Jasper es una herramienta de escritura asistida por IA que puede ayudarte a generar ideas de contenido, redactar borradores de publicaciones y artículos, e incluso crear guiones para videos. Su capacidad para producir contenido coherente y creativo en varios formatos lo convierte en un recurso invaluable para cualquier profesional que busque mantener una presencia activa en LinkedIn.

Lumen5 es otra plataforma que utiliza IA para ayudarte a transformar tus publicaciones de blog y artículos en atractivos videos. Simplemente ingresa el enlace de tu artículo, y **Lumen5** generará un video resumen que puedes personalizar según tus preferencias. Los videos son una forma poderosa de aumentar el engagement en LinkedIn, y **Lumen5** facilita su creación.

Aunque no es específicamente para contenido, la plataforma **Logo Maker** de Designhill utiliza IA para ayudarte a crear logos y elementos de marca personalizados. Un logo distintivo o gráficos de marca pueden mejorar la calidad visual de tus publicaciones, artículos y perfil, haciéndolos más reconocibles y atractivos para tu audiencia en LinkedIn.

Pictory es otra herramienta de IA que te permite crear videos cortos a partir de texto. Ideal para resumir artículos largos, estudios de caso o informes en formatos de video digeribles que pueden aumentar significativamente el engagement en LinkedIn. **Pictory** analiza tu texto y selecciona las partes clave para crear un guion, que luego combina con imágenes y videos relevantes para producir un contenido visualmente atractivo.

Finalmente te recomiendo el uso de **BuzzSumo**, que es conocido por su análisis de contenido y tendencias, su función de "Preguntas" impulsada por IA te permite descubrir las preguntas más frecuentes que hace tu audiencia en línea. Esta información puede ser invaluable para generar ideas de contenido que respondan directamente a las necesidades e intereses de tu audiencia en LinkedIn.

Incorporar estas herramientas de IA en tu estrategia de contenido puede ayudarte a crear publicaciones, artículos, videos e infografías más atractivos y relevantes para tu audiencia en LinkedIn. Al aprovechar la IA para la generación de ideas, la creación de contenido y la mejora visual, puedes asegurarte de que tu contenido no solo capte la atención, sino que también fomente la interacción y el engagement en la plataforma.

Numerex crea contenido atractivo

Un caso empresarial real de éxito en la creación de contenido atractivo es el de Numrex, que publicó un artículo en LinkedIn titulado "5 Tips for Creating Engaging LinkedIn Posts". En este artículo, Numrex comparte consejos valiosos sobre cómo crear publicaciones que construyan tu marca personal y alcancen una audiencia más amplia. Al seguir estos consejos, Numrex logró aumentar significativamente su visibilidad y engagement en la plataforma. Para obtener más detalles sobre cómo crear contenido atractivo en LinkedIn.

Maximizar el engagement

Ahora hablemos de cómo realmente puedes hacer que tu contenido en LinkedIn no solo sea visto, sino que también genere conversaciones, conexiones y, en última instancia, oportunidades. No se trata solo de lanzar contenido al mundo y esperar lo mejor; se trata de crear un espacio donde tu audiencia quiera participar activamente. Aquí tienes algunas estrategias para hacer precisamente eso:

Involucra desde el inicio: Comienza tus publicaciones con una pregunta abierta o una declaración intrigante que invite a la reflexión. Algo que haga que tus seguidores se detengan y piensen: "¡Espera, quiero decir algo sobre esto!". Por ejemplo, en lugar de simplemente compartir un artículo, pregunta a tu audiencia su opinión sobre un punto específico discutido en el artículo.

CTAs que realmente llamen a la acción: Un llamado a la acción efectivo es como decirle a alguien "¡Hey, aquí hay algo genial que puedes hacer ahora mismo!". No tiene que ser siempre "Visita mi sitio web" o "Compra ahora". Puede ser tan simple como "¿Qué piensas?" o "Comparte tu experiencia". Algo que haga que la gente quiera interactuar.

Contenido que invita a la interacción: ¿Has probado las encuestas de LinkedIn? Son una forma fantástica de obtener opiniones y comenzar conversaciones. Y no subestimes el poder de un buen gráfico o una infografía interesante; la gente ama compartir y comentar contenido visual que encuentran útil o revelador.

Qué herramientas de IA te pueden ayudar

Ahora, hablemos de herramientas de IA que pueden llevar tu juego de engagement a otro nivel. **Sprout Social** es increíble para obtener una visión profunda de cómo tu contenido está resonando con tu audiencia, mientras que **HubSpot** te ofrece herramientas para personalizar tu enfoque basado en datos reales de interacción. Estas plataformas pueden mostrarte no solo qué contenido está funcionando, sino también por qué, permitiéndote ajustar tu estrategia para maximizar el engagement.

El aumento de engagement y alcance de Service Now

La empresa Service Now utilizó LinkedIn Business Manager para implementar estrategias de marketing clave, logrando un notable aumento en su engagement y alcance. Al integrar sus campañas de marketing en LinkedIn con una visión clara y objetivos específicos, Service Now pudo dirigirse de manera efectiva a su audiencia deseada, mejorando la eficiencia de sus campañas y maximizando el retorno de la inversión. Este enfoque estratégico les permitió destacarse en la plataforma y fortalecer su presencia en la industria.

Medición y análisis

Dominar LinkedIn no termina con la publicación de contenido; es esencial entender cómo ese contenido resuena con tu audiencia. Este entendimiento proviene de una evaluación meticulosa del rendimiento de tu contenido, guiada por métricas clave y análisis detallado. En este vasto mar digital, las métricas son tu brújula, guiándote hacia estrategias de contenido más efectivas y conexiones más profundas.

Desentrañando las métricas clave

Primero, sumerjámonos en las métricas esenciales. Las impresiones y los clics te dan una idea inicial del alcance y la atracción de tu contenido. Sin embargo, para medir el verdadero engagement, debes observar las interacciones: 'me gusta', comentarios y compartidas. Estas acciones indican que tu contenido no solo se ve, sino que también provoca una respuesta. La tasa de clics (CTR) y la tasa de engagement profundizan aún más, revelando la eficacia con la que tu contenido motiva a la acción y la interacción.

La era de la IA en el análisis de contenido

La IA ha revolucionado la forma en que analizamos el rendimiento del contenido. Herramientas avanzadas como **Sprout Social** y **Hootsuite** emplean IA para ofrecer insights detallados sobre el engagement, permitiéndote identificar qué contenido resuena más y por qué. Estas plataformas pueden incluso sugerir el momento óptimo para publicar, maximizando la visibilidad y la interacción. Además de **Sprout Social** y **Hootsuite**, herramientas como **BuzzSumo** ofrecen capacidades de análisis de contenido, permitiéndote ver qué temas son tendencia y cómo se desempeña tu contenido en comparación con el de tus competidores. Google Analytics, integrado con tu sitio web, puede rastrear cómo el contenido compartido en LinkedIn conduce al tráfico web y a la conversión, cerrando el círculo entre el engagement en redes sociales y los resultados empresariales tangibles.

El poder del A/B testing

El en LinkedIn alcanza otro nivel con herramientas de IA como **Optimizely**, que te permite experimentar con dos versiones de una publicación para determinar cuál resuena mejor con tu audiencia. Esta técnica comparativa no solo destaca el contenido preferido por tus seguidores, sino que también desentraña los factores detrás de su éxito. Al utilizar **Optimizely**, accedes a análisis profundos sobre el rendimiento de cada variante, lo que te facilita la tarea de perfeccionar tus estrategias de contenido basándote en evidencia sólida. Es una estrategia clave para afinar tu comunicación en LinkedIn, garantizando que cada publicación logre el máximo engagement posible.

Mejorado la productividad del contenido, ejemplo de Atomic 212

Atomic 212, una destacada agencia australiana, enfrentó el desafío de escalar su generación de informes debido a un crecimiento del 27% en proyectos de publicación de contenidos en LinkedIn. Al asociarse con Supermetrics, mejoraron su productividad en un 30%, automatizando la extracción de datos y la visualización, lo que resultó en un ahorro de 20 horas semanales por empleado. Este cambio permitió a los equipos concentrarse más en el análisis estratégico, mejorando la eficiencia y la efectividad de sus campañas en LinkedIn y ayudando a los clientes a optimizar su adquisición de costos en diversas industrias, lo cual nos muestra como una empresa que se concentra en medir los indicadores adecuados tiene un éxito por sobre lo esperado.

Conclusiones

Al cerrar este capítulo, quiero enfatizarte algo crucial: el éxito en LinkedIn es un viaje constante de adaptación e innovación. Para mantener tu contenido fresco y relevante, es vital entender profundamente a tu audiencia y asegurar la consistencia y calidad en cada publicación.

Para entender a tu audiencia, sumérgete en las métricas que LinkedIn Analytics te ofrece. Pero no te detengas ahí. Herramientas de IA como **Crystal Knows** y **Leadfeeder** pueden llevarte más allá, analizando tendencias y sentimientos en las conversaciones de tu audiencia. Estas plataformas te ofrecen insights profundos sobre lo que realmente interesa a tu público, permitiéndote afinar tu contenido para resonar auténticamente.

Por otro lado, la creatividad es tu gran aliada. Experimenta con diversos formatos: vídeos, infografías, carouseles. La IA puede ser tu fuente de inspiración, como Jasper herramienta de escritura asistida por IA que puede ayudarte a generar ideas de contenido, o Lumen5 que utiliza IA para ayudarte a transformar tus publicaciones de blog y artículos en atractivos videos, o Pictory que te permite crear videos cortos a partir de texto.

Mantente siempre abierto a la innovación. El mundo digital evoluciona rápidamente, y lo que hoy es una novedad, mañana puede ser estándar. Mantén la curiosidad activa y explora nuevas herramientas de IA que surjan. Estas pueden ser el diferenciador que eleve tu estrategia de contenido en LinkedIn. Recuerda, el éxito en LinkedIn no es un destino, sino un viaje continuo de aprendizaje, adaptación e innovación. Con las estrategias adecuadas y el apoyo de herramientas de IA, puedes mantener tu contenido fresco, relevante y resonante con tu audiencia. ¡Adelante, el mundo digital espera por tu próxima gran idea!

CAPÍTULO 6
GRUPOS DE LINKEDIN PARA TU
ÉXITO EMPRESARIAL

Piensa en los Grupos de LinkedIn como esos espacios de coworking en el mundo digital, donde profesionales y empresas convergen para intercambiar ideas, estrategias y experiencias. Son como foros especializados donde puedes sumergirte en discusiones que resuenan con tus intereses profesionales o los objetivos de tu empresa. Aquí, en este rincón de LinkedIn, tienes la oportunidad de conectar con personas que hablan tu mismo idioma profesional, ya sea que estés buscando consejos, compartiendo soluciones o simplemente expandiendo tu red de contactos.

Ahora, imagina el impacto que estos grupos pueden tener en tu trayectoria profesional o en el crecimiento de tu empresa. Participar en estos grupos no es solo una vía de aprendizaje; es una plataforma para demostrar tu expertise y el valor que tú o tu empresa aportan al mercado. Cada vez que compartes un insight, respondes a una pregunta o inicias una discusión, estás construyendo tu reputación como líder de pensamiento en tu sector. Es como dar una charla en una conferencia, pero en un escenario global y accesible en cualquier momento.

Pero no olvides que los Grupos de LinkedIn también son un terreno fértil para las empresas que buscan establecer su autoridad y fomentar relaciones significativas en su industria. Al compartir estudios de caso, innovaciones o simplemente al participar en debates relevantes, las empresas pueden destacarse como referentes y construir una comunidad en torno a su marca. Además, estos grupos ofrecen una ventana única para entender las necesidades y tendencias del mercado directamente de la voz de los profesionales, abriendo puertas a nuevas oportunidades de negocio y colaboración. En esencia, los Grupos de LinkedIn son una herramienta invaluable tanto para individuos como para empresas que aspiran a crecer, innovar y conectar en el vasto ecosistema profesional de hoy.

Encontrar o crear el grupo adecuado

Adentrarte en los Grupos de LinkedIn es como descubrir un nuevo mundo lleno de posibilidades para tu crecimiento profesional y el éxito de tu empresa. Aquí tienes algunas estrategias clave para encontrar o crear el grupo adecuado que se alinee con tus objetivos empresariales y áreas de expertise.

El grupo adecuado

La búsqueda del grupo perfecto comienza con una clara comprensión de tus objetivos y áreas de interés. Utiliza la barra de búsqueda de LinkedIn para explorar grupos utilizando palabras clave específicas relacionadas con tu industria o campo de interés. LinkedIn también ofrece recomendaciones basadas en tu perfil y actividad previa, lo que puede facilitar el descubrimiento de grupos relevantes. También puedes hallar grupos que resonarán con tus objetivos empresariales y áreas de expertise utilizando herramientas de IA como Bing AI. Esta herramienta, al estar integrada con LinkedIn, te permite realizar búsquedas precisas y creativas, ayudándote a descubrir grupos que se alineen perfectamente con tus intereses. Bing AI puede sugerirte grupos basándose en tu actividad en LinkedIn y en la web, asegurando que las recomendaciones sean relevantes y valiosas para ti.

Crear tu propio grupo

Si tu búsqueda no resulta fructífera, crear tu propio grupo en LinkedIn puede ser una excelente manera de llenar ese vacío. Al hacerlo, tienes la oportunidad de cultivar una comunidad centrada en temas específicos de tu interés o de tu empresa. Define claramente el propósito y los objetivos de tu grupo, y crea una descripción atractiva que invite a profesionales con intereses similares a unirse. Promocionar tu grupo a través de tu red y en otras plataformas puede ayudar a aumentar su visibilidad y atraer a miembros valiosos. Si quieres ir más allá, herramientas como Grammarly y Lara AI entran en juego. Grammarly puede ayudarte a redactar una descripción clara y sin errores para tu grupo, asegurando que comuniques efectivamente su propósito. Por otro lado, Lara AI, un coach virtual basado en la experiencia de expertos en LinkedIn, puede ofrecerte consejos personalizados para gestionar tu grupo, desde la promoción hasta la moderación de las discusiones.

Consideraciones clave para la creación de Grupos

Al crear tu grupo, es esencial establecer reglas claras y directrices para fomentar discusiones constructivas y mantener un ambiente profesional. La moderación activa es crucial para mantener la calidad del grupo, evitar el spam y garantizar que las conversaciones sean relevantes y enriquecedoras para todos los miembros. Involucrar a los miembros a través de preguntas abiertas, debates y contenido de valor agregado puede fomentar una participación activa y convertir tu grupo en un recurso valioso para la comunidad. Para fomentar la conversación puedes utilizar herramientas como CrystalKnows que utiliza IA para proporcionarte insights sobre los estilos de comunicación y preferencias de los miembros de tu grupo, permitiéndote personalizar tu enfoque y fomentar una mayor participación.

Al combinar estas estrategias y herramientas de IA, puedes maximizar el potencial de los Grupos de LinkedIn para establecer autoridad, compartir conocimientos y fomentar la colaboración. Ya sea uniéndote a grupos existentes o creando tu propia comunidad, el valor está en la conexión genuina y el intercambio de conocimientos.

Como Viral Solutions le saca provecho a los grupos

La compañía de marketing relacional automatizada de Wisconsin Estados Unidos, Viral Solutions, creo campañas donde hacía participar activamente a sus socios en grupos relevantes en LinkedIn. Descubrieron que el más del 50% de los vendedores TOP pertenecían a más de 30 grupos en comparación con el 12% de sus contrapartes. Como resultado, lograron que el 58% de los ingresos de la compañía viniesen de los Grupos de LinkedIn, con un tamaño promedio por cada trato de 7.500 dólares.

Autoridad y compartir conocimientos

Para tener éxito en los grupos es crucial adoptar una estrategia enfocada en compartir contenido valioso y atractivo que resalte tu expertise y fomente la discusión dentro de los grupos de LinkedIn. Aquí te presento una algunos consejos para lograrlo, integrando el uso de herramientas de IA para enriquecer tu estrategia de contenido.

Identificación y participación activa en grupos relevantes

Para comenzar, es fundamental identificar y unirte a grupos de LinkedIn que estén alineados con tu área de especialización. Una vez dentro, observa las conversaciones existentes para entender los temas que generan mayor interés y discusión. Participa activamente, no solo respondiendo preguntas sino también iniciando debates y compartiendo información valiosa. Esta participación constante te posicionará como una voz autorizada dentro del grupo.

Para identificar grupos relevantes en LinkedIn que se alineen con tus intereses profesionales o sector de industria, puedes seguir estos pasos:

Utiliza la función de búsqueda: Haz clic en el icono de búsqueda en la parte superior de tu página de inicio de

LinkedIn. Escribe palabras clave relacionadas con tu industria, intereses profesionales o temas específicos que te interesen. Por ejemplo, si trabajas en marketing digital, podrías buscar "marketing digital", "SEO" o "publicidad en redes sociales".

Explora los resultados: LinkedIn te mostrará una lista de grupos que coinciden con tus términos de búsqueda. Revisa los nombres de los grupos y sus descripciones para tener una idea inicial de su relevancia.

Evalúa la actividad del grupo: Antes de unirte, visita el grupo y observa la frecuencia de las publicaciones, la calidad del contenido compartido y el nivel de interacción entre los miembros. Un grupo activo y comprometido será más valioso para tu desarrollo profesional.

Considera el tamaño y la composición del grupo: Algunos prefieren grupos grandes para una red más amplia, mientras que otros encuentran más valor en grupos pequeños y enfocados. Considera qué tamaño se alinea mejor con tus objetivos de networking.

Al seguir estos pasos, podrás identificar y unirte a grupos de LinkedIn que no solo sean relevantes para tu campo, sino que también ofrezcan oportunidades para aprender, compartir conocimientos y conectar con profesionales afines.

Creación de contenido enriquecido con IA

Utiliza herramientas de IA, como **Jasper** o **Copy.ai**, para generar ideas de contenido innovadoras y relevantes para tu audiencia. Estas plataformas pueden ayudarte a crear borradores de publicaciones, artículos y discusiones que captan la atención. Al proporcionar un contexto o tema específico, la

IA puede ofrecerte una variedad de enfoques y perspectivas que quizás no habías considerado, enriqueciendo así tu contribución a los grupos. Por otro lado, para fomentar la interacción, adopta un enfoque dinámico en tus publicaciones. Utiliza formatos variados como infografías, videos cortos y estudios de caso para presentar tu contenido de manera atractiva. Las herramientas de IA pueden asistirte en la creación de estos elementos visuales, asegurando que sean tanto informativos como cautivadores. Recuerda, el objetivo es iniciar conversaciones significativas y proveer valor real a los miembros del grupo.

La interacción no se limita a la publicación de contenido. Es crucial responder a los comentarios, participar en conversaciones relevantes y utilizar encuestas de LinkedIn para recopilar opiniones y mantener a tu audiencia comprometida. Estas acciones no solo fomentan una comunidad activa alrededor de tu marca, sino que también refuerzan tu posición como líder de pensamiento en tu industria.

Estrategias de engagement dinámico

Para fomentar la interacción, adopta un enfoque dinámico en tus publicaciones. Utiliza formatos variados como infografías, videos cortos y estudios de caso para presentar tu contenido de manera atractiva. Las herramientas de IA pueden asistirte en la creación de estos elementos visuales, asegurando que sean tanto informativos como cautivadores. Recuerda, el objetivo es iniciar conversaciones significativas y proveer valor real a los miembros del grupo.

Dentro de muchas, aquí te dejo algunas herramientas que

utilizan IA para que destaques en los grupos de LinkedIn:

Lumen5: Destacada por su capacidad de convertir texto en videos atractivos, facilitando la creación de contenido visual dinámico para usuarios sin habilidades técnicas avanzadas.

Pictory: Una herramienta que permite crear videos a partir de texto, ideal para resumir contenido largo en formatos visuales más digeribles.

Raw Shorts: Ofrece la posibilidad de generar videos explicativos y animaciones mediante IA, simplificando la producción de contenido visual.

Adobe Spark: Similar a **Canva**, **Adobe Spark** utiliza IA para ayudar a los usuarios a crear gráficos, páginas web y videos cortos de manera intuitiva y eficiente.

Giphy: Aunque es más conocido como un repositorio de GIFs, **Giphy** también ofrece herramientas basadas en IA que pueden ayudar en la creación de contenido visual animado, lo que lo hace útil para dinamizar la comunicación en redes sociales y otros medios digitales.

Synthesia: Esta herramienta de IA permite crear videos a partir de texto, utilizando avatares digitales que pueden hablar y gesticular, lo que la convierte en una opción innovadora para la creación de contenido visual interactivo y educativo.

Análisis y ajuste continuo

Implementa herramientas analíticas impulsadas por IA, como LinkedIn Analytics, para obtener insights detallados sobre el rendimiento de tu contenido. Estas plataformas te proporcionan métricas valiosas sobre el engagement, el alcance y la demografía de tu audiencia, lo que te permite ajustar tu estrategia de contenido y engagement de manera informada. Además, herramientas como **Lately** pueden analizar tus publicaciones de mayor rendimiento y generar automáticamente borradores de contenido basados en lo que ha resonado más con tu audiencia, asegurando coherencia en tu voz de marca y optimizando tu estrategia de contenido para un mayor engagement.

Fomentar la colaboración y la participación

Estrategias para incentivar la participación

Para fomentar la participación activa en los grupos de LinkedIn, es crucial crear un entorno que invite a la interacción y al intercambio de ideas. Comienza por establecer normas claras que promuevan el respeto y la colaboración entre los miembros. Anima a los participantes a compartir sus experiencias y conocimientos, y reconoce sus aportes para hacerles sentir valorados. Organiza debates temáticos regulares que sean de interés para el grupo y fomenten la discusión. La clave está en hacer preguntas abiertas que inviten a la reflexión y al diálogo, en lugar de simples afirmaciones que no generen interacción.

En detalle, para incentivar la participación activa en tu grupo de LinkedIn, considera implementar las siguientes estrategias:

Establece metas y objetivos claros: Asegúrate de que todos los miembros del grupo comprendan el propósito y los objetivos del grupo. Esto puede incluir la promoción del networking profesional, el intercambio de conocimientos sobre un tema específico o la colaboración en proyectos comunes.

Fomenta la participación activa: Anima a los miembros a compartir sus experiencias, conocimientos y preguntas. Puedes hacerlo planteando preguntas abiertas, creando encuestas y promoviendo debates sobre temas relevantes para el grupo.

Publica contenido de calidad: Genera y comparte contenido valioso y relevante que sea de interés para los miembros del grupo. Esto puede incluir artículos, estudios de caso, noticias de la industria y consejos prácticos. Asegúrate de que el contenido fomente la interacción y la discusión.

Personaliza las invitaciones y las interacciones: Al invitar a nuevos miembros o interactuar dentro del grupo, personaliza tus mensajes para hacerlos más atractivos y relevantes para los individuos. Esto puede aumentar la probabilidad de que participen activamente en el grupo.

Fomentando un ambiente de colaboración

Para cultivar un ambiente de colaboración, es esencial promover la idea de que cada miembro tiene algo valioso que aportar. Facilita la creación de subgrupos temáticos dentro del grupo principal para permitir discusiones más especializadas y profundas. Implementa sesiones de "brainstorming" colectivo donde los miembros puedan proponer temas o problemas y trabajar juntos en la búsqueda de soluciones. Establece alianzas con otros grupos de LinkedIn para organizar eventos virtuales conjuntos, ampliando así la red de contactos y la diversidad de perspectivas.

Entonces, para profundizar en el concepto de fomentar un ambiente de colaboración dentro de un grupo de LinkedIn, considera las siguientes estrategias ampliadas:

Valoración de las contribuciones individuales: Es crucial reconocer y valorar las aportaciones de cada miembro del grupo. Esto no solo aumenta la autoestima y la motivación de los individuos, sino que también fomenta un sentido de pertenencia y comunidad. Puedes destacar publicaciones o comentarios significativos, agradecer públicamente las contribuciones y alentar a los miembros a compartir sus experiencias y conocimientos.

Subgrupos temáticos para discusiones especializadas: Los subgrupos permiten que los miembros se involucren en conversaciones más específicas y detalladas, lo que puede mejorar la calidad de la interacción y el intercambio de ideas. Estos subgrupos pueden organizarse en torno a intereses comunes, proyectos específicos o temas de actualidad dentro de la industria. Facilitar la creación y gestión de estos subgrupos puede ayudar a mantener el grupo principal ordenado y centrado.

Sesiones de brainstorming colectivo: Las sesiones de brainstorming son una excelente manera de generar nuevas ideas y soluciones a problemas comunes. Estas sesiones pueden realizarse a través de publicaciones dedicadas, eventos en vivo o incluso utilizando herramientas de videoconferencia integradas en LinkedIn. Fomentar un entorno donde todos se sientan libres de expresar sus ideas sin temor a la crítica es fundamental para el éxito de estas sesiones.

Alianzas con otros Grupos de LinkedIn: Establecer alianzas con otros grupos puede enriquecer las discusiones al introducir nuevas perspectivas y experiencias. Estas colaboraciones pueden tomar la forma de eventos conjuntos, debates cruzados o proyectos colaborativos. Al ampliar la red de contactos de esta manera, no solo se enriquece el contenido del grupo, sino que también se brindan oportunidades de networking y desarrollo profesional para los miembros.

Utilizando IA para analizar tendencias de discusión

El uso de herramientas de IA puede ser tu aliado para analizar las tendencias de discusión dentro de los grupos y adaptar el contenido de manera efectiva. Con estas herramientas podrás identificar los temas que generan mayor interés y engagement entre los miembros, permitiéndote crear contenido más relevante y atractivo. La IA también puede ayudar a detectar patrones en las horas de mayor actividad dentro del grupo, lo que te permitirá programar tus publicaciones para maximizar su visibilidad y participación.

En este sentido, las acciones más interesante que puedes utilizar con herramientas de IA, entre otras, son:

Análisis Ppredictivo y tendencias de discusión: Algunas herramientas de IA, como **RapidMiner**, se especializan en el análisis predictivo y las puedes utilizar para examinar grandes volúmenes de datos de discusiones en grupos de LinkedIn. Con esta herramienta puedes identificar patrones, tendencias y temas emergentes, proporcionándote luces valiosos sobre los intereses de tu comunidad.

Optimización de perfiles y contenido: Herramientas como **MeetAlfred** utilizan IA para optimizar perfiles profesionales y sugerir contenido relevante que podría resonar dentro de tus grupos. Estas recomendaciones se basan en el análisis de las interacciones previas y las tendencias de discusión, lo que te podrá permitir crear publicaciones más atractivas y pertinentes.

Monitoreo de la marca y análisis de sentimientos: Herramientas como **HubSpot** te ofrecen funcionalidades para que monitorees marcas en las redes sociales, incluyendo LinkedIn. Estas herramientas no solo rastrean menciones y hashtags relevantes, sino que también pueden analizar el sentimiento detrás de las discusiones, ayudándote a comprender mejor la percepción de los miembros del grupo hacia ciertos temas o marcas.

Generación de ideas de contenido: ChatGPT y otras herramientas de modelos de lenguaje generativos pueden ser tu aliado a la hora de generar ideas de contenido y respuestas automatizadas basadas en las tendencias de discusión dentro de los grupos. Estas herramientas las puedes programar para analizar las discusiones y generar contenido que sea tanto relevante como atractivo para los miembros del grupo, fomentando así una mayor participación.

Conclusiones

Imagina un espacio donde tu voz resuene, donde cada idea que compartas construya tu reputación y abra nuevas puertas. Los Grupos de LinkedIn son ese espacio, un foro especializado donde convergen profesionales y empresas, intercambiando ideas, estrategias y experiencias. Aquí, en este rincón digital, tienes la oportunidad única de conectar con personas que hablan tu mismo idioma profesional. Es más que un lugar para aprender; es una plataforma para demostrar el valor que aportas al mercado.

Ahora, piensa en el impacto que estos grupos pueden tener en tu trayectoria profesional o en el crecimiento de tu empresa. Participar en estos grupos no es solo una vía de aprendizaje; es una plataforma para demostrar tu expertise y el valor que tú o tu empresa aportan al mercado. Cada vez que compartes un insight, respondes a una pregunta o inicias una discusión, estás construyendo tu reputación como líder de pensamiento en tu sector.

Pero hay más. Los Grupos de LinkedIn también son un terreno fértil para las empresas que buscan establecer su autoridad y fomentar relaciones significativas en su industria. Al compartir estudios de caso, innovaciones o simplemente al participar en debates relevantes, las empresas pueden destacarse como referentes y construir una comunidad en torno a su marca. Además, estos grupos ofrecen una ventana única para entender las necesidades y tendencias del mercado directamente de la voz de los profesionales, abriendo puertas a nuevas oportunidades de negocio y colaboración.

Para maximizar el potencial de los Grupos de LinkedIn, es crucial adoptar una estrategia enfocada en compartir contenido valioso y atractivo que resalten tus habilidades y fomente la discusión. Identifica y participa activamente en grupos relevantes alineados con tu área de especialización. Observa las conversaciones existentes para entender los temas que generan mayor interés y discusión. Participa activamente, no solo respondiendo preguntas sino también iniciando debates y compartiendo información valiosa. Esta participación constante te posicionará como una voz autorizada dentro del grupo.

Utiliza todas las herramientas de IA que has visto a lo

largo del capítulo y genera ideas de contenido innovadoras y relevantes para tu audiencia. Estas plataformas pueden ayudarte a crear borradores de publicaciones, artículos y discusiones que captan la atención. Proporciona un contexto o tema específico, ofreciéndote una gran variedad de enfoques y perspectivas que quizás no habías considerado, enriqueciendo así tu contribución a los grupos.

Recuerda, el valor de los Grupos de LinkedIn reside en la conexión genuina y el intercambio de conocimientos. Ya sea uniéndote a grupos existentes o creando tu propia comunidad, el impacto radica en cómo utilizas este espacio para crecer, innovar y conectar en el vasto ecosistema profesional de hoy.

CAPÍTULO 7
AMPLIANDO TU ALCANCE CON ANUNCIOS DE LINKEDIN

¿Alguna vez te has preguntado cómo darle un verdadero impulso a tu marca o negocio en el mundo digital? Bueno, déjame contarte algo revelador, la publicidad en LinkedIn. Sí, has leído bien. LinkedIn, esa plataforma que muchos asocian solo con la búsqueda de empleo y el networking profesional, pero en realidad es un campo fértil para conectar con tu audiencia de una manera significativa y, lo más importante, efectiva.

Piénsalo. LinkedIn no es solo una red social más; es el lugar de encuentro de profesionales, líderes de opinión y tomadores de decisiones. Aquí, tu publicidad no se pierde en un mar de memes y actualizaciones de estado personales. En cambio, tus anuncios se colocan frente a profesionales que están allí con una mentalidad de negocios, listos para interactuar con contenido que les ayude a crecer profesionalmente o a mejorar sus negocios.

Y aquí viene lo mejor, la plataforma de publicidad de LinkedIn te ofrece herramientas increíblemente precisas para segmentar tu audiencia. ¿Quieres dirigirte a directores de marketing en empresas de tecnología de tamaño mediano en una región específica? LinkedIn te dice, "¡No hay problema!" Esta precisión es lo que hace que cada dólar que inviertes en publicidad en LinkedIn trabaje más duro para ti, asegurando que tu mensaje llegue a las personas correctas, en el momento correcto.

Así que, si estás buscando no solo alcanzar, sino realmente conectar con profesionales y empresas que pueden beneficiarse de lo que ofreces, la publicidad en LinkedIn podría ser el ingrediente que falta en tu mezcla de marketing digital. Vamos a sumergirnos en este mundo y descubrir cómo puedes aprovechar al máximo esta poderosa herramienta para ampliar tu alcance y llevar tu negocio al siguiente nivel.

En el presente capítulo verás de manera concreta como aprovechas la publicidad en LinkedIn, repasando los tipo de anuncios, la creación de anuncios efectivos y estrategias de presupuesto, la medición de su rendimiento y análisis, mejores prácticas y consejos avanzados y algunos estudios de casos con aplicaciones prácticas, así que partamos de una vez.

Tipos de anuncios y definición de audiencia

Adentrémonos en el mundo de los anuncios en LinkedIn y cómo esta poderosa herramienta puede transformar tu estrategia de marketing digital. LinkedIn no es solo una red para buscar empleo o conectar con colegas; es una plataforma robusta donde puedes dirigirte a profesionales específicos con mensajes precisos y atractivos. Aquí te guiaré a través de los diferentes formatos de anuncios disponibles y cómo elegir el mejor para tus objetivos. Además, te daré algunos consejos sobre cómo segmentar eficazmente tu audiencia para que tus anuncios lleguen a las personas correctas.

Tipos de anuncios en LinkedIn

Primero, hablemos de los tipos de anuncios que puedes utilizar:

Anuncios de texto: Simples pero efectivos, aparecen en la parte superior o lateral de la página y son ideales para generar leads o dirigir tráfico a tu sitio web.

Contenido patrocinado: Estos anuncios se integran de manera natural en el feed de noticias de los usuarios, permitiéndote captar su atención con imágenes, videos o incluso carruseles de imágenes.

InMail patrocinado: Te permite enviar mensajes directos a los buzones de entrada de tus prospectos, ideal para mensajes personalizados y ofertas directas.

Anuncios dinámicos: Se personalizan automáticamente con la información del perfil del usuario, como su foto o cargo, haciéndolos increíblemente relevantes y atractivos.

Cada tipo de anuncio tiene sus fortalezas y es adecuado para diferentes objetivos. Por ejemplo, si tu meta es aumentar la conciencia de marca, los Contenidos Patrocinados pueden ser tu mejor opción. Por otro lado, para la generación de leads directos, los InMails Patrocinados pueden ser más efectivos.

Definiendo tu audiencia

Ahora, hablemos de la segmentación. LinkedIn ofrece herramientas de segmentación detalladas que te permiten dirigirte a usuarios basándose en su ubicación, industria, cargo, nivel de experiencia y mucho más. Utilizar estas herramientas de manera efectiva es clave para asegurar que tus anuncios lleguen a las personas más propensas a estar interesadas en lo que ofreces. Aquí es donde las herramientas y plataformas de IA entran en juego, ayudándote a analizar grandes cantidades de datos para identificar patrones y tendencias. Esto puede ser especialmente útil para refinar tu segmentación y asegurar que tus anuncios sean lo más relevantes posible para tu audiencia objetivo.

Segmentar audiencias en LinkedIn es un arte que combina precisión y estrategia, permitiéndote dirigirte a los profesionales más relevantes para tu negocio. Aquí te explico cómo hacerlo paso a paso:

Ubicación: Comienza por lo básico. LinkedIn te permite seleccionar audiencias por su ubicación geográfica, desde países enteros hasta áreas metropolitanas específicas. Esto es fundamental para asegurarte de que tus anuncios lleguen a un público en la región adecuada para tu negocio.

Demografía de la empresa: Si tu producto o servicio está diseñado para ciertos tipos de empresas, LinkedIn te permite segmentar por el nombre de la empresa, el tamaño (número de empleados) o incluso la industria. Esto es ideal para B2B, permitiéndote apuntar directamente a tu mercado objetivo.

Experiencia laboral: LinkedIn ofrece una granularidad increíble aquí. Puedes dirigirte a personas basándote en su cargo actual, años de experiencia, funciones laborales e incluso habilidades. Esto te permite personalizar tus mensajes para resonar con la experiencia y necesidades específicas de tu audiencia.

Educación: Si tu oferta tiene un atractivo particular para personas con ciertos antecedentes educativos, puedes segmentar por nivel de educación, campos de estudio e incluso instituciones específicas.

Intereses y afinidades: LinkedIn te permite llegar a usuarios basándote en sus intereses profesionales, grupos a los que pertenecen y hasta las páginas que siguen. Esto es útil para conectar con audiencias que están activamente comprometidas con temas relacionados a tu oferta.

La clave está en combinar estos criterios de segmentación para crear una audiencia muy específica que sea más probable que responda a tu mensaje. Por ejemplo, si estás promocionando un software de gestión de proyectos, podrías segmentar a gerentes de proyecto en la industria de la tecnología, en empresas de 50-200 empleados, con más de 5 años de experiencia en gestión de proyectos.

Recuerda, la segmentación efectiva en LinkedIn no se trata solo de alcanzar a la mayor cantidad de personas, sino de alcanzar a las personas correctas. Con cada campaña, analiza y ajusta tu segmentación para mejorar continuamente el rendimiento y el ROI de tus anuncios.

Apoyo de la IA directamente de LinkedIn

Descubre cómo la IA de LinkedIn Ads puede mejorar tus campañas publicitarias y agilizar su creación, directamente en LinkedIn's Campaign Manager. La IA optimiza anuncios al analizar datos y patrones, ofreciendo recomendaciones precisas y automáticas. Esto te permite tomar decisiones informadas, aumentando la eficiencia en la gestión de campañas. También identifica audiencias relevantes y adapta mensajes para maximizar el impacto. Integrar IA en tus estrategias simplifica el proceso de creación y mejora el éxito publicitario. Con LinkedIn Ads, aprovechas herramientas potentes que potencian tus campañas, optimizando resultados y alcanzando a tu audiencia de manera efectiva. Es una forma inteligente de mejorar el rendimiento publicitario y maximizar el retorno de inversión.

Empresa Alida cambia su enfoque exitosamente

Alida, una plataforma de inteligencia del cliente, transformó su enfoque de generación de leads hacia una estrategia de marketing basada en cuentas. Utilizando Sponsored Content y Lead Gen Forms de LinkedIn, dirigieron campañas digitales para crear conciencia y aumentar la participación en cuentas y sectores específicos. Observaron una conversión cinco veces mayor con Lead Gen Forms en comparación con las páginas de destino del sitio web. Alida también utilizó Matched Audiences para ampliar su alcance a perfiles similares. LinkedIn les permitió apuntar con precisión a tomadores de decisiones, generadores de compra e influencers, lo que llevó a redirigir la mayoría de sus inversiones programáticas a LinkedIn. Sus resultados superaron los estándares de la industria, con altos niveles de compromiso y conversiones.

Anuncios efectivos y presupuesto

Ahora vamos a sumergirnos en cómo puedes ampliar tu alcance en LinkedIn con anuncios que no solo captan la atención, sino que también convierten. Imagina que estás frente a tu computadora, listo para lanzar una campaña que podría cambiar el juego para tu negocio. Pero, ¿por dónde empezar? Aquí te tenemos el principio.

Elementos clave de un anuncio

Primero, hablemos de los elementos clave de un anuncio exitoso. No es solo lo que dices (el copy), sino cómo lo presentas (las imágenes) y lo que invitas a hacer (el CTA). Un copy efectivo en LinkedIn habla directamente al corazón de tu audiencia, abordando sus desafíos y ofreciendo soluciones claras. Piensa en ello como iniciar una conversación significativa, donde cada palabra cuenta. Ahora, siguen las imágenes. No subestimes el poder de una imagen bien elegida. Debe resonar con tu mensaje, ser profesional y, sobre todo, captar la atención en un feed lleno de contenido. Finalmente están los CTAs, esos pequeños empujones que guían a tu audiencia hacia la acción deseada. Ya sea "Aprende más", "Regístrate" o "Contáctanos", tu CTA debe ser claro, convincente y, lo más importante, visible. Estos son los denominados "call to acción" o "llamados a la acción".

La optimización de los avisos mediante IA

Pero aquí es donde se pone interesante: la optimización con IA. Plataformas como **Pattern89**, **Albert** y **PaveAI** están revolucionando la forma en que creamos y optimizamos anuncios. Estas herramientas de IA analizan miles de puntos de datos para predecir qué elementos de tu anuncio resonarán mejor con tu audiencia. Desde el tono del copy hasta el color de tu imagen, la IA puede ofrecerte recomendaciones basadas en el análisis de campañas exitosas anteriores. Imagina tener un asistente que te dice: "Este tono azul aumentará tus clics" o "Usar la palabra 'descubrir' en tu CTA generará más conversiones". Eso es lo que estas plataformas de IA pueden hacer por ti.

Otra gran herramienta es LinkedIn Dynamic Ads, con la que puedes personalizar tus campañas con contenido dinámico según el perfil de los usuarios. Estos anuncios se adaptan automáticamente a los intereses y características profesionales de cada usuario, lo que aumenta la relevancia y la efectividad de tu publicidad. Con opciones de segmentación avanzada y formatos atractivos, como carruseles y mensajes personalizados, las Dynamic Ads de LinkedIn te ofrecen una forma poderosa de llegar a audiencias específicas y generar interacciones significativas con los usuarios, ayudándote a impulsar el compromiso y el éxito de tus campañas publicitarias en la plataforma.

Ahora, yendo más lejos, LinkedIn ha lanzado una herramienta impulsada por IA llamada "Accelerate", diseñada para agilizar el proceso de creación de anuncios. Esta herramienta permite a los anunciantes configurar campañas optimizadas en menos de cinco minutos utilizando el Administrador de Campañas de LinkedIn. "Accelerate" analiza el sitio web del anunciante, la página de LinkedIn y los anuncios anteriores para recomendar una campaña. Además, ajusta de forma autónoma las ofertas y los presupuestos, apuntando a consumidores de alto valor dentro de la comunidad de LinkedIn. Este desarrollo subraya cómo la IA está transformando la creación de anuncios en LinkedIn, haciendo el proceso más eficiente y optimizado. La capacidad de la IA para analizar datos y proporcionar recomendaciones basadas en el rendimiento anterior y el contenido de la página puede ser un cambio de juego para los anunciantes que buscan maximizar el impacto de sus campañas con menos esfuerzo y tiempo invertido

El presupuesto y las ofertas

Ahora, hablemos de presupuestos y ofertas. Establecer un presupuesto puede parecer desalentador, pero con un enfoque estratégico, puedes maximizar tu ROI sin romper el banco. LinkedIn ofrece dos modelos principales: CPC (Costo Por Clic) y CPM (Costo Por Mil Impresiones). Si tu objetivo es la acción directa, como generar leads o ventas, el CPC podría ser tu mejor opción. Pagas por cada clic, lo que significa que cada dólar se destina a aumentar el compromiso activo con tu anuncio. Por otro lado, si buscas aumentar la conciencia de marca, el CPM te permite pagar por impresiones, asegurando que tu mensaje llegue a tantos ojos como sea posible.

Pero, ¿cómo sabes cuánto ofrecer? Aquí es donde herramientas como **AdStage** entran en juego. **AdStage** te permite automatizar y optimizar tus ofertas en tiempo real, asegurando que siempre estés obteniendo el mejor valor por tu inversión publicitaria. Y con la integración de IA, estas plataformas pueden ajustar tus ofertas basándose en el rendimiento en tiempo real, maximizando tus posibilidades de éxito.

En resumen, crear anuncios efectivos en LinkedIn no se trata solo de seguir una fórmula; se trata de entender a tu audiencia, experimentar con creatividad y utilizar la tecnología a tu favor. Con las herramientas adecuadas y un enfoque estratégico, puedes transformar tus campañas publicitarias en LinkedIn en poderosas máquinas de generación de leads y ventas. Así que, ¿por qué no aprovechar el poder de la IA para llevar tus anuncios al siguiente nivel? Recuerda, cada anuncio es una oportunidad para contar tu historia, conectar con tu audiencia y crecer tu negocio. Con la IA de tu lado, estás bien equipado para hacer que cada campaña cuente. ¡Es hora de empezar a experimentar, optimizar y ver cómo tus anuncios en LinkedIn pueden alcanzar nuevas alturas!

Medición del rendimiento y análisis

Entender y optimizar el rendimiento de tus anuncios en LinkedIn es como tener un GPS para tu estrategia de marketing digital. Cada clic, impresión y conversión te proporciona datos valiosos que, cuando se interpretan correctamente, pueden llevar tus campañas a nuevos niveles de éxito.

Navegando por el mar de datos con IA

Al adentrarte en el análisis de tus anuncios en LinkedIn, te encuentras con un vasto océano de datos. Herramientas avanzadas como LinkedIn Campaign Manager te ofrecen una visión detallada del rendimiento de tus anuncios, desde las impresiones hasta las interacciones y conversiones. Pero,

¿cómo puedes asegurarte de que estás interpretando estos datos correctamente y haciendo los ajustes adecuados?

Aquí es donde la IA se convierte en tu timón. Plataformas como **Crayon** y **Pathmatics** utilizan la IA para analizar el rendimiento de los anuncios y proporcionar recomendaciones basadas en patrones de datos. Estas herramientas pueden identificar qué elementos de tus anuncios están resonando con tu audiencia y cuáles necesitan ser ajustados, desde el copy hasta el diseño y el CTA.

Decodificando los signos con IA

Cada interacción con tu anuncio es una señal que, si se interpreta correctamente, puede revelar valiosos insights. Una alta tasa de clics (CTR) indica que tu anuncio está motivando a la acción, mientras que una baja tasa de clics en comparación con las impresiones puede sugerir que tu anuncio no está captando la atención deseada. Herramientas de IA como **Crayon** pueden ayudarte a comprender estos patrones, sugiriendo ajustes en el copy o el diseño para mejorar el engagement.

Ajustando el curso con insights de IA

Con el análisis proporcionado por estas herramientas de IA, puedes comenzar a hacer ajustes estratégicos en tus campañas. Si los datos indican que ciertas imágenes o frases están generando más interacción, puedes aplicar estos insights para optimizar tus futuros anuncios. La capacidad de hacer cambios basados en datos en tiempo real es una de las mayores ventajas de la publicidad digital.

Maximizando tu tesoro: El ROI

La optimización de tus campañas no solo se trata de mejorar el engagement, sino también de asegurar que estás invirtiendo tu presupuesto de manera inteligente. Al comprender las métricas clave y aplicar los insights de IA, puedes afinar tus estrategias de oferta y presupuesto. Herramientas como **Pathmatics** ofrecen una visión clara de cómo tus ofertas están impactando el rendimiento de tus anuncios, permitiéndote elegir entre CPC y CPM de manera más informada para maximizar tu retorno de la inversión.

Al aprovechar el poder de la IA en la analítica de LinkedIn, estás equipado no solo para medir el éxito de tus campañas, sino para asegurar su éxito continuo. Herramientas como **Crayon** y **Pathmatics** transforman los datos en estrategias ganadoras, permitiéndote ajustar tus campañas para resonar aún más con tu audiencia.

Mejores prácticas y consejos avanzados

Perfeccionando tu público objetivo

La clave para cualquier campaña publicitaria exitosa en LinkedIn comienza con un entendimiento profundo de tu público objetivo. La plataforma te permite una segmentación detallada, desde el título del trabajo hasta la industria y la ubicación, asegurando que tus anuncios lleguen a las personas más relevantes. Utiliza herramientas de IA como LinkedIn's Audience Insights para analizar y refinar tu audiencia, asegurándote de que estás conectando con los profesionales que más probablemente interactuarán con tu oferta.

Creando anuncios que capturan

En el vasto mar de contenido de LinkedIn, tus anuncios necesitan destacar. Esto significa combinar copys persuasivos con imágenes atractivas y CTAs claros. Pero, ¿cómo sabes qué funciona? Aquí es donde la experimentación y la optimización entran en juego. Plataformas como **AdEspresso** by **Hootsuite** permiten realizar pruebas A/B de diferentes elementos de tus anuncios, desde el texto hasta el diseño gráfico, para identificar qué combinaciones generan el mayor engagement y conversiones.

La magia del retargeting y la integración

El retargeting es tu boleto dorado para reconectar con aquellos que han mostrado interés pero no han convertido aún. Utilizando herramientas de IA como LinkedIn's Website Demographics, puedes segmentar a estos visitantes previos con mensajes personalizados, aumentando significativamente tus posibilidades de conversión. Además, integra tus anuncios de LinkedIn con otras plataformas de marketing basadas en IA, como **Marketo** o **HubSpot**, para crear un ecosistema de marketing cohesivo que nutra a tus prospectos a través de múltiples puntos de contacto.

Analítica avanzada para decisiones informadas

La optimización no termina una vez que tus anuncios están en marcha. LinkedIn ofrece análisis avanzados que te permiten rastrear el rendimiento de tus campañas en tiempo real. Herramientas como LinkedIn's Campaign Manager te proporcionan insights detallados sobre impresiones, clics y conversiones, permitiéndote ajustar tus estrategias sobre la marcha. ¿Un anuncio no está rindiendo como esperabas? Ajusta tu copy, imagen o segmentación para mejorar los resultados. Con cada ajuste, estás un paso más cerca de maximizar tu ROI.

Herramientas de IA para apoyar el marketing

Hay tres herramientas de IA muy interesantes para apoyarse en el marketing, proporcionando infirmación valiosos sobre cómo estas innovaciones pueden optimizar las campañas publicitarias en LinkedIn y mejorar la interacción con la audiencia, además de producir contenido avanzado.

LinkedIn Profiles y "Recommendations": Una técnica interesante para entender mejor a los directores de marketing o a los tomadores de decisiones clave utilizando LinkedIn. Al examinar cómo estos individuos recomiendan a otros en LinkedIn, puedes obtener ideas sobre sus personalidades, motivaciones e intereses, lo cual es invaluable para personalizar tus anuncios y mensajes en la plataforma.

Crystal: Esta herramienta de IA analiza perfiles de LinkedIn para proporcionar una evaluación de la personalidad, incluyendo el perfil DISC (modelo de comportamiento que categoriza a las personas en cuatro perfiles principales: Dominante (D), Influyente (I), Estable (S) y Analítico (C)), preferencias de comunicación y consejos para interactuar con ellos. Esta información puede ser extremadamente útil para personalizar tus anuncios y mensajes de LinkedIn, asegurando que resuenen con tu audiencia objetivo.

OpusClip y HeyGen: Aunque no están directamente relacionadas con LinkedIn, estas herramientas de IA ofrecen funcionalidades interesantes para el contenido de video, como la creación de cortos verticales con subtítulos y la traducción de videos con sincronización labial en varios idiomas. Integrar estos videos en tus anuncios de LinkedIn podría aumentar el engagement y la efectividad de tus campañas.

Estos ejemplos destacan cómo la integración de herramientas de IA con tus anuncios de LinkedIn puede llevar tus campañas al siguiente nivel, permitiéndote personalizar y optimizar tus mensajes como nunca antes. Al aprovechar estas tecnologías, puedes mejorar significativamente la relevancia y el impacto de tus anuncios en LinkedIn.

Estudios de casos y aplicaciones prácticas

En el mundo de la publicidad en LinkedIn, aprender de los éxitos de otros puede ser increíblemente valioso. A continuación, exploramos estudios de caso reales donde empresas de diversos sectores lograron resultados notables utilizando estrategias comerciales en LinkedIn. Estas historias no solo destacan estrategias y tácticas efectivas, sino que también ofrecen insights aplicables a una amplia gama de negocios y objetivos de marketing. Sumérgete en estos ejemplos para descubrir cómo puedes llevar tus campañas al siguiente nivel.

Estrategias para audiencias específicas

El caso de Audi y su lanzamiento del e-tron en LinkedIn es un ejemplo perfecto de cómo una estrategia publicitaria bien ejecutada en las redes sociales puede alcanzar resultados sobresalientes. Audi se enfocó en una audiencia premium interesada en la innovación y la movilidad eléctrica, utilizando el formato de Anuncio Carrusel para destacar las características únicas del e-tron.

Esta estrategia no solo logró captar la atención de su público objetivo sino que también generó una tasa de clics (CTR) del 2,3%, superando los estándares de la industria y demostrando la eficacia de LinkedIn para campañas de concienciación de marca. La campaña también se benefició de la capacidad de LinkedIn para segmentar audiencias precisas, lo que permitió a Audi alcanzar a conductores con poder adquisitivo y un interés genuino en la movilidad sostenible a gran escala. Los resultados concretos de esta campaña incluyen una tasa de interacción superior al 4% y la generación de discusiones extendidas sobre temas relevantes como la vida de la batería y la tecnología de carga rápida, lo que subraya la importancia de seleccionar la plataforma adecuada y utilizar herramientas de segmentación avanzadas para maximizar el impacto de las campañas publicitarias.

Innovación creativa y contenido atractivo

Narrato.io es una plataforma integral diseñada para facilitar la gestión de contenido. Te permite crear, organizar y optimizar tu contenido de manera eficiente. Puedes empezar subiendo tus ideas o borradores y **Narrato** te ayudará a darles forma. Si necesitas contenido nuevo, la plataforma puede conectarte con escritores profesionales. Además, cuenta con herramientas para encontrar imágenes que complementen tu texto y mejorar la calidad del contenido con sugerencias de optimización. Todo se gestiona desde un tablero fácil de usar, donde puedes organizar tus proyectos, asignar tareas y seguir el progreso. Es ideal para quienes buscan simplificar el proceso de creación y gestión de contenido manteniendo altos estándares de calidad.

La colaboración entre Park+ y **Narrato** fue un verdadero cambio de juego en la forma de publicar contenido. Imagina tener que pasar 40 minutos en cada artículo solo para publicarlo; eso era lo que Park+ enfrentaba antes de **Narrato**. Pero con esta alianza, el proceso se simplificó a tal punto que solo con un clic, los artículos se publicaban al instante, reduciendo el tiempo de publicación en un asombroso 95%. Esto no solo agilizó las cosas, sino que permitió a Park+ multiplicar su producción de contenido, pasando de 50 a más de 250 artículos mensuales, ¡ahorrando más de 200 horas de trabajo en el proceso! Para más detalles sobre esta transformación, puedes leer la historia completa en **Narrato.io**.

Integración y retargeting estratégico

TOPdesk, una empresa de software de gestión de servicios, implementó una estrategia de retargeting en LinkedIn para mantenerse conectada con profesionales clave a lo largo de su viaje de compra. Utilizando una combinación de retargeting de sitios web, anuncios de video y Formularios de Generación de Leads, lograron crear una estrategia de embudo completo que abarcaba desde la conciencia hasta la conversión. Esta táctica permitió a TOPdesk aumentar su tasa de conversión en un 20% y reducir el costo por conversión en un 24%, demostrando la eficacia del retargeting en LinkedIn para mejorar las conversiones y la eficiencia del gasto publicitario. Este caso destaca cómo una estrategia de retargeting bien ejecutada puede guiar efectivamente a los prospectos a través del embudo de ventas, utilizando mensajes personalizados y relevantes para profundizar las relaciones y fomentar las conversiones.

Este caso demuestra cómo una estrategia de retargeting bien planificada y ejecutada en LinkedIn puede ayudar a las empresas a guiar a los prospectos a través del embudo de ventas de manera efectiva, mejorando tanto las tasas de conversión como la eficiencia del gasto publicitario.

Construyendo conciencia de marca

Imagina que diriges Exact, un líder en software empresarial para PYMES, y decides llevar tu estrategia de marketing a LinkedIn para dar a conocer tu marca y captar más leads. Comienzas integrando la construcción de tu marca con la generación de leads a través de contenido patrocinado, lo que te permite unir a todos tus equipos en torno a esta iniciativa y rastrear el impacto en cada etapa del embudo de ventas. Piensa en el embudo de marketing de manera inversa: primero te enfocas en el "fruto al alcance de la mano" utilizando el retargeting de LinkedIn para reconectar con quienes ya visitaron tu sitio web. Luego, amplías tu alcance a nuevas audiencias aprovechando el perfil de targeting de LinkedIn. Y para darle un impulso extra, imagina asociar tu marca con alguien como Max Verstappen, un piloto de Fórmula 1 en ascenso, para captar aún más la atención.

El resultado de esta estrategia es impresionante: un aumento del 20% en leads, con 255 conversiones directas y 308 asistidas. Además, al implementar formularios de generación de leads directamente en tu contenido patrocinado en LinkedIn, ves un aumento del 300% en el flujo de leads y una reducción significativa en el costo por lead. Este enfoque te muestra el poder de una estrategia de marketing bien integrada en LinkedIn, combinando retargeting y contenido atractivo para no solo captar la atención sino también convertir esa atención en acción.

Conclusiones

Ya estás al final del capítulo, has recorrido un largo camino, desde descubrir la potencia de LinkedIn como plataforma publicitaria hasta desentrañar las estrategias que pueden llevar tus campañas al siguiente nivel. Ahora, es tu turno de tomar el timón y navegar por las aguas del marketing en LinkedIn. Piénsalo: LinkedIn no es solo una red social para profesionales; es un campo fértil lleno de oportunidades para conectar, interactuar y, lo más importante, crecer. Ya sea que estés buscando construir tu marca personal, expandir el alcance de tu empresa o generar leads de calidad, LinkedIn tiene las herramientas y el público que necesitas.

Pero no te quedes solo con la teoría. La verdadera magia comienza cuando pones en práctica lo que has aprendido. Experimenta con diferentes tipos de anuncios, juega con la segmentación para encontrar tu audiencia ideal y no tengas miedo de probar contenido creativo que destaque. Recuerda, cada campaña es una oportunidad para aprender y mejorar. No esperes más. El mundo de LinkedIn está esperando por ti y tus ideas innovadoras. Inicia tu primera campaña, ajusta según los resultados y observa cómo tu alcance se expande más allá de lo que imaginaste. Ya sea que estés promocionando un artículo, un evento o tu último producto, cada paso que das en LinkedIn te acerca a tus objetivos.

Así que, ¿qué dices? ¿Estás listo para dejar tu marca en el mundo profesional de LinkedIn? ¡Adelante, el escenario es todo tuyo! Experimenta, aprende y, sobre todo, disfruta del proceso. ¡El éxito te espera!

CAPÍTULO 8
MEJORA TU RENDIMIENTO CON PLATAFORMAS AVANZADAS

Como has visto a lo largo de todos los capítulos, en el dinámico mundo profesional de hoy, donde la información es poder y la conectividad es clave, la red social LinkeIn te puede llevar a niveles insospechados, ahora piensa en poder utilizar herramientas que potencien su uso, es allí donde aparecen herramientas como Talent Insights y Sales Insights convirtiéndose en tus aliados estratégicos indiscutibles. Imagina tener la capacidad de desentrañar las complejidades del mercado laboral con Talent Insights, obteniendo una visión profunda de las tendencias de talento, competencias emergentes y movimientos estratégicos de la competencia. Esta herramienta te empoderá para tomar decisiones basadas en datos, optimizando tus estrategias de reclutamiento y retención de talento.

Por otro lado, Sales Insights transforma la manera en que abordas las ventas B2B. Con esta herramienta, podrás profundizar en el análisis del mercado, identificar cuentas clave y comprender mejor las necesidades de tus prospectos.

Sales Insights te permite construir relaciones más sólidas y significativas, fundamentales para el éxito en el entorno de ventas actual.

También cuentas con otras herramientas como **Sales Navigator, Dux Soup, Waalaxy, Linked Helper, Phantombuster** y **Meet Alfred**, que te posicionas en la vanguardia de la innovación digital. Estas herramientas no solo mejoran tu presencia en LinkedIn sino que también amplifican tu capacidad para generar leads, reclutar talento de primer nivel y cerrar ventas de manera más eficiente.

En resumen, el uso estratégico de Talent Insights y Sales Insights, junto con otras herramientas avanzadas, te prepara para navegar con éxito el complejo paisaje profesional de LinkedIn. Te invito a explorar estas herramientas y a descubrir cómo pueden transformar tu enfoque profesional, llevando tu carrera o negocio a nuevas alturas en el presente capítulo.

Desbloquéate con LinkedIn Talent Insights

En el vasto mundo de LinkedIn, Talent Insights emerge como una herramienta indispensable para las empresas que buscan no solo sobrevivir sino prosperar en el competitivo mercado laboral actual. Esta herramienta ofrece una ventana única a datos en tiempo real sobre talentos y empresas a nivel mundial, permitiendo a los usuarios no solo observar sino también anticipar y reaccionar a las tendencias del mercado laboral. Al sumergirse en análisis detallados sobre las habilidades más demandadas, la distribución geográfica del talento y las tendencias emergentes en diversas industrias, las organizaciones pueden afinar sus estrategias de reclutamiento y retención de talento. Este nivel de perspicacia permite a las empresas identificar brechas de habilidades críticas y desarrollar programas de capacitación y desarrollo dirigidos, asegurando que su fuerza laboral no solo esté alineada con sus objetivos estratégicos actuales sino también preparada para los desafíos futuros.

Afina estrategias con LinkedIn Sales Insights

Por otro lado, Sales Insights ofrece una visión profunda y analítica del panorama de ventas dentro de LinkedIn, brindando a las empresas la inteligencia necesaria para refinar sus estrategias de ventas y marketing. Esta herramienta analiza patrones de compra, tendencias de la industria y comportamientos de los clientes, proporcionando a las organizaciones la capacidad de personalizar sus enfoques de ventas para satisfacer las necesidades específicas de su público objetivo. Al utilizar Sales Insights, las empresas pueden mejorar significativamente la eficacia de sus esfuerzos comerciales, lo que resulta en una mayor conversión y retención de clientes. La capacidad de adaptar las estrategias de ventas y marketing a los insights obtenidos de esta herramienta puede ser un cambio de juego para las empresas que buscan obtener una ventaja competitiva en el mercado.

Sinergia entre Talent y Sales Insights

La integración de Talent Insights y Sales Insights puede transformar la forma en que una empresa opera en LinkedIn, creando una sinergia entre los equipos de recursos humanos y ventas. Esta colaboración estratégica permite una comprensión más profunda del mercado, mejorando la eficacia de las campañas de marketing y reclutamiento. Al aprovechar los datos de ambas herramientas, las organizaciones pueden desarrollar una estrategia holística que abarque tanto la adquisición de talento como la expansión comercial. Esta sinergia asegura que los esfuerzos de reclutamiento estén alineados con las necesidades comerciales, lo que permite a las empresas atraer no solo a los mejores talentos sino también a clientes potenciales, impulsando así el crecimiento empresarial.

Aplicación práctica de Insights

La aplicación práctica de los insights obtenidos de Talent Insights y Sales Insights puede variar desde la mejora del contenido compartido en LinkedIn hasta la personalización de las interacciones con clientes y candidatos potenciales. Por ejemplo, una empresa puede utilizar Talent Insights para desarrollar programas de capacitación que aborden las brechas de habilidades identificadas, mientras que Sales Insights puede informar la creación de contenido que resuene mejor con el público objetivo, aumentando el compromiso y las conversiones. Al implementar estas estrategias basadas en datos, las empresas pueden mejorar significativamente su presencia en LinkedIn, atrayendo tanto a los mejores talentos como a clientes potenciales, lo que finalmente conduce a un mejor rendimiento y éxito empresarial.

Talent Insights en acción

El caso de estudio de KBC en LinkedIn Talent Solutions destaca cómo el equipo ejecutivo de KBC Bank buscaba construir una cultura basada en datos en las operaciones de la empresa y la gestión de la fuerza laboral. Tracy Villanueva, líder del equipo de People Analytics, enfrentaba el desafío de no tener una fuente confiable de datos sobre la fuerza laboral externa y el mercado. La implementación de LinkedIn Talent Insights proporcionó a los responsables de la toma de decisiones en el nivel de país acceso a datos ricos sobre talentos en regiones clave, permitiéndoles descubrir nuevas reservas de talento en Hungría, Bulgaria y la República Checa.

Además, el análisis competitivo permitió al equipo de People Analytics ver de dónde atraen talento sus competidores y las habilidades específicas para las que están contratando en diferentes mercados. Con acceso a datos nunca antes disponibles, como la rotación dentro de conjuntos de habilidades y funciones comerciales, los equipos pueden explorar nuevos mercados y tomar decisiones mejor informadas. KBC, formada en 1998 tras la fusión de dos bancos belgas y una compañía de seguros belga, ofrece servicios bancarios y de seguros integrados a más de 11 millones de clientes en todo el mundo, con mercados principales en Bélgica, la República Checa, Eslovaquia, Hungría, Bulgaria e Irlanda, y una presencia menor en otros mercados globales.

Sales Insights en acción

Kallidus, una empresa británica enfocada en el desarrollo de talento, enfrentaba desafíos debido a la ejecución manual de tácticas clave de marketing y ventas, lo que dificultaba obtener una imagen precisa del mercado total direccionable. La falta de un perfil de cliente ideal (ICP) claro también impedía una comprensión precisa de los atributos del cliente que se alineaban mejor con sus ofertas. La implementación de LinkedIn Sales Insights (LSI) y Sales Navigator permitió a Kallidus realizar estas tareas con mayor eficiencia y efectividad, eliminando errores humanos y mejorando la creación y análisis de ICPs. Esto resultó en un aumento del 10% en el valor promedio de los contratos y un aumento del 30% en las oportunidades generadas por el equipo de desarrollo de ventas. Además, la colaboración entre los equipos de ventas y operaciones se fortaleció, mejorando la alineación y la toma de decisiones conjunta.

Plataformas facilitan crecimiento en LinkedIn

Para facilitar el crecimiento en LinkedIn y maximizar la eficiencia de las estrategias de networking y ventas, existen diversas herramientas diseñadas específicamente para esta plataforma. Entre ellas, **Sales Navigator**, **Dux Soup**, **Waalaxy**, **Linked Helper**, **Phantombuster** y **Meet Alfred** destacan por sus capacidades únicas. A continuación, se detalla cómo cada una de estas herramientas puede contribuir al crecimiento en LinkedIn.

Sales Navigator

Es una herramienta premium de LinkedIn diseñada para profesionales de ventas, que permite acceder a una amplia gama de funciones avanzadas de búsqueda y CRM. Con **Sales Navigator**, puedes segmentar tu audiencia con filtros detallados, recibir recomendaciones personalizadas de leads y guardar listas de prospectos. Además, facilita el seguimiento de actualizaciones de cuentas clave y la interacción directa con potenciales clientes a través de InMail, incluso si no están en tu red de contactos. Por ejemplo.

El caso de éxito de Zendesk con Sales Navigator de LinkedIn destaca cómo la empresa de software de San Francisco adaptó sus estrategias de ventas al entorno virtual durante la pandemia del Covid-19. Al aprovechar Sales Navigator, Zendesk pudo obtener información detallada sobre sus clientes objetivo, lo que resultó en un aumento de contactos en LinkedIn, nuevas reuniones con clientes y mayor apoyo interno. La transición de las ventas en persona a las ventas en línea presentó desafíos significativos para los equipos de ventas de Zendesk, acostumbrados a interactuar cara a cara con los clientes. Sin embargo, mediante la formación y el uso estratégico de Sales Navigator, lograron adaptarse al entorno virtual, lo que les permitió investigar y comprender mejor las necesidades de sus cuentas corporativas. Esto les ayudó a posicionarse como asesores de confianza y a destacar por su relevancia. Los resultados incluyeron la generación de 6.500 nuevos contactos y más de 100.000 dólares en ingresos mensuales recurrentes en un trimestre específico, demostrando el impacto positivo de integrar herramientas digitales en sus procesos de ventas.

Dux Soup

Es una plataforma de automatización para LinkedIn que

ayuda a los usuarios a agilizar el proceso de prospección. Permite visitar perfiles automáticamente, enviar solicitudes de conexión personalizadas y automatizar mensajes de seguimiento. **Dux Soup** es ideal para quienes buscan aumentar su red de manera eficiente, manteniendo un enfoque personalizado en la comunicación.

¿Sabías que **Dux Soup** es un as bajo la manga para cualquier negocio que quiera darle un empujón a sus ventas? Es como tener un superpoder para conectar con más clientes potenciales. Mira, en la página de **Dux Soup** hay un montón de historias de éxito. Por ejemplo, la gente de White Rabbit la usó y logró aumentar su interacción con posibles clientes en un impresionante 250%. Y no se quedan ahí, porque la empresa Littoral también compartió su experiencia. Gracias a Dux Soup, sus campañas empezaron a convertir como nunca antes, alcanzando una tasa de conversión del 70%. ¿Increíble, no?

Waalaxy

Waalaxy es otra herramienta de automatización que permite a los usuarios enviar campañas de prospección multicanal, combinando LinkedIn con el correo electrónico. Ofrece una interfaz intuitiva y diversas plantillas de mensajes, lo que facilita la personalización de las campañas. **Waalaxy** también proporciona análisis detallados del rendimiento de las campañas, lo que permite a los usuarios ajustar sus estrategias en función de los resultados obtenidos.

Un ejemplo notable de su aplicación exitosa es el caso de Empowill, una startup B2B en fase inicial que encontró en

LinkedIn una plataforma esencial para su crecimiento. Al descubrir **Waalaxy**, Empowill pudo transformar LinkedIn en una palanca de desarrollo significativa, especialmente por el ahorro de tiempo que la automatización proporcionó. La herramienta no solo facilitó la prospección, sino que también permitió a Empowill explorar otros usos de LinkedIn que impulsaron su desarrollo. Gracias a **Waalaxy**, Empowill pudo implementar campañas de automatización enfocadas en obtener reuniones telefónicas con prospectos, utilizando secuencias de acciones como visitas de perfil, solicitudes de conexión personalizadas y mensajes de seguimiento. Este enfoque estratégico y automatizado resultó en un motor de ventas potente para la empresa en sus etapas iniciales.

Linked Helper

Linked Helper es versátil ya que automatiza varias tareas en LinkedIn, como enviar solicitudes de conexión, mensajes, respuestas automáticas y más. Además, permite la extracción de datos de LinkedIn para análisis y seguimiento. Linked Helper puede ser particularmente útil para quienes buscan construir y gestionar una red de contactos amplia y activa en LinkedIn.

Para invitar a tus conexiones de primer grado en LinkedIn a unirse a un grupo del cual eres miembro o administrador, **Linked Helper** ofrece una guía detallada. Primero, crea una nueva campaña seleccionando la plantilla "Invitar a conexiones de primer grado al grupo" y sigue los pasos para configurar los mensajes que se enviarán a los miembros del grupo. Puedes optar por enviar mensajes directos primero y luego utilizar la funcionalidad nativa de LinkedIn para las invitaciones. Si prefieres saltarte los mensajes, **Linked Helper** solo enviará invitaciones a través de la función de LinkedIn. Una vez creada la campaña, **Linked Helper** te permite agregar contactos a la misma. Es importante filtrar adecuadamente los perfiles en la búsqueda de LinkedIn para obtener los leads más calificados. **Linked Helper** puede recopilar todas tus conexiones de primer grado desde la página "Mi red", incluso si hay más de 1.000 perfiles. Después de recolectar los leads, puedes revisar y gestionar los contactos recopilados en la lista de espera, excluyendo, eliminando, etiquetando o descargándolos según sea necesario. Finalmente, revisa la configuración de las acciones de la campaña y comienza la misma para que **Linked Helper** inicie el proceso de invitación.

Phantombuster

Proporciona una serie de "phantoms" o automatizaciones que se pueden utilizar para extraer datos, automatizar acciones y mejorar la interacción en LinkedIn. Desde la extracción de listas de contactos hasta el envío automático de solicitudes de conexión y mensajes, **Phantombuster** ofrece una amplia gama de funcionalidades para optimizar la presencia en LinkedIn y aumentar la eficiencia de las actividades de networking.

PhantomBuster ofrece una solución para convertir una búsqueda en LinkedIn en una lista de correos electrónicos profesionales. Este proceso se realiza mediante la extracción de perfiles de una búsqueda en LinkedIn y la búsqueda de sus direcciones de correo electrónico profesionales. El resultado es un flujo de trabajo de generación de leads completamente automatizado. **PhantomBuster** ha comenzado a construir Flows que encadenan automáticamente phantoms para crear secuencias listas para usar de acciones automatizadas. Aunque los phantoms individuales son valiosos por sí mismos, cuando se encadenan juntos, las posibilidades se expanden enormemente.

Meet Alfred

Meet Alfred es una herramienta de automatización y gestión de campañas para LinkedIn que permite a los usuarios diseñar, programar y automatizar tareas como el envío de solicitudes de conexión, mensajes directos y publicaciones en grupos. **Meet Alfred** también ofrece funcionalidades de seguimiento y análisis para evaluar el rendimiento de las campañas y ajustar las estrategias según sea necesario.

Para destacar en LinkedIn y evitar que tus mensajes sean percibidos como automatizados, es esencial personalizar tus solicitudes de conexión y mensajes. La personalización no solo mejora la percepción de tus mensajes, sino que también aumenta significativamente las posibilidades de obtener una respuesta. Aunque personalizar cada mensaje manualmente puede ser tedioso, herramientas como **Alfred** ofrecen una solución eficiente. **Alfred** permite la personalización a través de plantillas y marcadores de posición, permitiéndote ajustar elementos como el nombre, la industria, el cargo y la empresa del destinatario. Para una personalización aún más profunda, **Alfred** te permite importar un archivo .csv con tus contactos y utilizar cualquier información adicional para personalizar tus mensajes, maximizando así las posibilidades de conexión genuina y efectiva en LinkedIn.

Al utilizar estas herramientas, los profesionales y empresas pueden mejorar significativamente su eficiencia en LinkedIn, desde la generación de leads y la construcción de redes hasta la gestión de relaciones con clientes y la automatización de tareas repetitivas. Sin embargo, es importante utilizar estas herramientas de manera ética y en línea con las políticas de LinkedIn para evitar posibles sanciones.

Conclusiones

En el mundo de LinkedIn, las herramientas como Talent Insights y Sales Insights se han convertido en aliadas indispensables para las empresas que buscan no solo sobrevivir sino prosperar en el competitivo mercado laboral y comercial actual. Talent Insights te ofrece una ventana única a datos en tiempo real sobre talentos y empresas a nivel mundial, permitiéndote anticipar y reaccionar a las tendencias del mercado laboral. Esta herramienta te permite identificar brechas de habilidades críticas y desarrollar programas de capacitación dirigidos, asegurando que tu fuerza laboral esté preparada para los desafíos futuros.

Por otro lado, Sales Insights te brinda una visión profunda del panorama de ventas dentro de LinkedIn, permitiéndote personalizar tus estrategias de ventas para satisfacer las necesidades específicas de tu público objetivo. La capacidad de adaptar las estrategias de ventas y marketing a los insights obtenidos puede ser un cambio de juego para obtener una ventaja competitiva en el mercado.

La integración de Talent Insights y Sales Insights puede

transformar la forma en que operas en LinkedIn, creando una sinergia entre los equipos de recursos humanos y ventas. Esta colaboración estratégica mejora la eficacia de las campañas de marketing y reclutamiento, desarrollando una estrategia holística que abarque tanto la adquisición de talento como la expansión comercial.

Además, herramientas como **Sales Navigator, Dux Soup, Waalaxy, Linked Helper, Phantombuster** y **Meet Alfred** destacan por sus capacidades únicas para facilitar el crecimiento en LinkedIn. Desde la automatización de tareas como el envío de solicitudes de conexión y mensajes, hasta la personalización de las interacciones con clientes y candidatos potenciales, estas herramientas pueden mejorar significativamente tu presencia en LinkedIn, atrayendo tanto a los mejores talentos como a clientes potenciales.

Al utilizar estas herramientas de manera ética y en línea con las políticas de LinkedIn, puedes mejorar significativamente tu eficiencia en la plataforma, desde la generación de leads y la construcción de redes hasta la gestión de relaciones con clientes. La clave está en aprovechar la tecnología disponible para maximizar tu impacto en LinkedIn, asegurando que tus esfuerzos de reclutamiento y ventas estén alineados con las necesidades comerciales y de talento de tu empresa.

CAPÍTULO 9
DECISIONES IMPULSADAS POR DATOS: LINKEDIN ANALYTICS

En el dinámico mundo del marketing digital, la clave del éxito radica en la adaptación y la innovación constante. En este capítulo nos sumergiremos en el fascinante universo de LinkedIn Analytics, una herramienta imprescindible para cualquier profesional que busque destacar en la red de negocios más grande del mundo. Imagina tener a tu disposición un conjunto de datos que te permitan no solo entender, sino también prever las tendencias de tu audiencia, optimizando así tu estrategia de marca personal o empresarial.

LinkedIn Analytics se presenta como la herramienta fundamental que guía tu camino en este vasto mar de conexiones profesionales. Con él, puedes medir el impacto real de tus publicaciones, artículos y actividades en la plataforma, obteniendo así una visión clara de lo que realmente resuena con tu audiencia. Esta herramienta te brinda la oportunidad de ajustar tu contenido, enfocándote en lo que genera mayor engagement y, por ende, mayor valor para tu marca.

Pero, ¿cómo empezar? Primero, es esencial comprender

los diferentes tipos de análisis que LinkedIn ofrece, desde las métricas básicas hasta los insights más avanzados. Luego, es crucial aprender a interpretar estos datos para tomar decisiones informadas. Por último, pero no menos importante, la experimentación y la optimización continua serán tus mejores aliados en este viaje hacia el éxito en LinkedIn. Esto es lo que verás en el siguiente capítulo.

Así que, ya sea que estés buscando fortalecer tu marca personal, aumentar la visibilidad de tu empresa o simplemente entender mejor cómo interactúa tu red, LinkedIn Analytics es tu aliado estratégico. ¡Prepárate para desbloquear el potencial completo de tu presencia en LinkedIn, guiado por los datos!

Los KPIs de LinkedIn

Los Indicadores Clave de Rendimiento (KPIs)

Para navegar con éxito en LinkedIn, es esencial que entiendas los Indicadores Clave de Rendimiento (KPIs). Estos no son más que métricas que te permiten evaluar cuán efectivas son tus estrategias en esta plataforma. Según ProInfluent, los KPIs en LinkedIn pueden variar desde el alcance de tus publicaciones hasta la tasa de conversión de tus llamados a la acción. Estas métricas te ofrecen una visión clara de tu rendimiento y te ayudan a ajustar tus estrategias para lograr tus objetivos.

KPIs cruciales para el éxito

Para alcanzar el éxito en LinkedIn, es esencial comprender

y monitorear los KPIs que reflejan la eficacia de tus estrategias de contenido y marketing. Entre los más críticos en esta plataforma se encuentran la tasa de engagement, el alcance de las publicaciones y la tasa de conversión, cada uno aportando información valiosa sobre la interacción de tu audiencia con tu contenido.

La tasa de engagement es un termómetro de la resonancia de tus contenidos con tu audiencia, incluyendo interacciones como likes, comentarios y compartidos. Un alto engagement indica que tu contenido es relevante y valioso para tus seguidores, fomentando una comunidad activa y comprometida. Este KPI es un reflejo directo de la calidad y relevancia de tu contenido, y su seguimiento te permite ajustar y mejorar tu estrategia para mantener o aumentar este nivel de interacción.

Por otro lado, el alcance de tus publicaciones mide la cantidad de personas que efectivamente ven tu contenido. Este indicador es crucial para evaluar la visibilidad y el impacto de tu presencia en LinkedIn. Un mayor alcance implica una mayor exposición de tu marca o perfil profesional a una audiencia más amplia, lo que potencialmente puede traducirse en más oportunidades de networking, colaboración y negocio.

La tasa de conversión, por su parte, es un indicador de la efectividad de tu contenido para impulsar acciones específicas entre tu audiencia, como visitar tu sitio web, completar un formulario o realizar una compra. Este KPI te permite medir el retorno de inversión de tus esfuerzos en LinkedIn, proporcionando una comprensión clara de cómo tu contenido contribuye a lograr tus objetivos comerciales o profesionales.

Medición y optimización con LinkedIn Analytics

Para medir y optimizar tus esfuerzos en LinkedIn utilizando LinkedIn Analytics, comienza por acceder a la sección de análisis de tu perfil o página de empresa. Aquí, encontrarás datos clave sobre el rendimiento de tus publicaciones, el crecimiento de tu red y el nivel de interacción de tu audiencia. Primero, enfócate en los KPIs como el alcance de tus publicaciones, la tasa de engagement y las conversiones generadas. Estos indicadores te permitirán entender qué contenido resuena mejor con tu audiencia y cómo puedes mejorar tu estrategia de contenido para aumentar la visibilidad y el compromiso. Luego, utiliza los insights de LinkedIn Analytics para ajustar tu estrategia. Por ejemplo, si notas que los artículos de liderazgo de pensamiento generan más interacciones, considera aumentar la frecuencia de este tipo de contenido. Además, presta atención a los mejores horarios para publicar, basándote en cuándo tu audiencia está más activa en la plataforma.

Finalmente, experimenta y ajusta continuamente. LinkedIn Analytics te ofrece la flexibilidad para probar diferentes enfoques y ver en tiempo real cómo afectan a tu rendimiento. Utiliza esta información para refinar tus tácticas y asegurarte de que cada acción que tomas en LinkedIn te acerca más a tus objetivos profesionales.

Enfoque estratégico en los KPIs

Es crucial que mantengas un enfoque estratégico en los KPIs. No se trata solo de medir por medir, sino de comprender qué indican estas métricas sobre tu rendimiento y cómo puedes utilizar esa información para mejorar. Los KPIs te permiten tomar decisiones basadas en datos y adaptar tus estrategias para alcanzar tus objetivos de manera más efectiva. Al mantener un enfoque claro en estos indicadores clave y adaptar tus acciones en función de los datos, te acercarás a lograr tus metas y maximizar tu éxito en LinkedIn.

Análisis de la red y conexiones

Descubrimiento de patrones en tu red

LinkedIn Analytics ofrece una ventana única a la estructura y dinámica de tu red profesional. Al adentrarte en esta herramienta, puedes desentrañar patrones y tendencias que definen tus conexiones. Por ejemplo, podrías descubrir que una gran parte de tu red pertenece a un sector específico o que ciertas publicaciones atraen más a profesionales de un campo particular. Esta información es invaluable, ya que te permite entender no solo con quién estás conectado, sino también cómo tu contenido resuena con diferentes segmentos de tu red. Al identificar estos patrones, puedes afinar tu estrategia de contenido y networking para resonar más efectivamente con tu audiencia objetivo.

Identificación de oportunidades de networking

LinkedIn Analytics no solo te permite ver quién interactúa con tu contenido, sino que también destaca oportunidades de networking que podrías estar pasando por alto. Por ejemplo, si notas que ciertos individuos o representantes de empresas específicas interactúan regularmente con tu contenido, podrían ser candidatos ideales para desarrollar una relación más profunda. Estas interacciones pueden ser el preludio de colaboraciones productivas, mentorías o incluso oportunidades de negocio. Al analizar estos datos, puedes tomar decisiones informadas sobre a quién acercarte y cómo cultivar relaciones que sean mutuamente beneficiosas.

Expansión estratégica de la red

Con el conocimiento adquirido a través de LinkedIn Analytics, la expansión de tu red ya no tiene que ser un proceso aleatorio o basado en la intuición. Si los datos revelan un interés particular en tu contenido por parte de profesionales en ciertas industrias o regiones, puedes enfocarte en construir conexiones en esos ámbitos. Esta aproximación dirigida no solo amplía tu red, sino que también asegura que las nuevas conexiones sean relevantes para tus objetivos profesionales. Además, al comprender qué contenido resuena más, puedes adaptar tus futuras publicaciones para atraer a un público aún más amplio y pertinente.

Maximización del impacto en LinkedIn

Finalmente, LinkedIn Analytics te empodera para tomar decisiones basadas en datos que maximizan tu impacto en la plataforma. Al experimentar con diferentes tipos de contenido y estrategias de publicación, y luego analizar cómo tu red responde a estos cambios, puedes ajustar tus tácticas para optimizar tu presencia en LinkedIn. Este enfoque basado en datos asegura que cada acción que tomes esté informada y alineada con tus objetivos de networking y desarrollo profesional.

Home Depot lleva LinkedIn Analytics a otro nivel

Un caso de éxito destacado en el uso de LinkedIn Analytics es el de la empresa The Home Depot. Esta compañía, reconocida en el sector de mejoras para el hogar, utilizó las soluciones de LinkedIn para atraer a candidatos más calificados para sus vacantes. Gracias a la implementación estratégica de LinkedIn Analytics, The Home Depot logró generar un mayor interés en sus ofertas de empleo, lo que se tradujo en una mejora significativa en la calidad de los candidatos que aplicaban a sus posiciones abiertas.

La clave del éxito de The Home Depot radicó en su capacidad para analizar y entender las métricas proporcionadas por LinkedIn Analytics. Esto incluyó el seguimiento de la interacción de los usuarios con sus publicaciones de empleo, la tasa de respuesta a las invitaciones enviadas a potenciales candidatos y el análisis del rendimiento de sus campañas de reclutamiento en la plataforma. Al optimizar su presencia en LinkedIn basándose en estos datos, The Home Depot pudo dirigirse de manera más efectiva a los profesionales adecuados, mejorando así la eficiencia de su proceso de reclutamiento.

Este caso demuestra el poder de LinkedIn Analytics como una herramienta esencial para las empresas que buscan mejorar su estrategia de reclutamiento y atraer talento de calidad. Al aprovechar los datos y las estadísticas que ofrece la plataforma, las compañías pueden tomar decisiones más informadas y orientadas a resultados, lo que finalmente conduce a un éxito mayor en sus esfuerzos de contratación.

Optimización del contenido con Analytics

Para comenzar, es crucial que comprendas cómo LinkedIn Analytics puede ser tu aliado en la optimización de contenido. Esta herramienta te ofrece una visión detallada del rendimiento de tus publicaciones, artículos y videos, permitiéndote identificar qué tipo de contenido resuena más con tu audiencia. Al analizar métricas como las vistas, interacciones y el alcance de tus publicaciones, puedes obtener referencias valiosas sobre las preferencias de tu público objetivo. Esto te permite ajustar tu estrategia de contenido para asegurar que esté alineada con los intereses de tus seguidores y potenciales clientes.

Ajustando tu estrategia de contenido

Una vez que tienes una comprensión clara de las métricas que LinkedIn Analytics te proporciona, el siguiente paso es ajustar tu estrategia de contenido basándote en esos datos. Si notas que ciertos temas o formatos generan más compromiso, considera producir más contenido similar. Por ejemplo, si tus videos cortos tienen un mejor rendimiento que los artículos largos, podría ser una señal para enfocarte más en el contenido visual. La clave está en ser flexible y estar dispuesto a experimentar con diferentes tipos de contenido para ver qué funciona mejor.

Maximizando la visibilidad y el compromiso

Para maximizar la visibilidad y el compromiso de tu contenido en LinkedIn, es esencial que publiques en los momentos en que tu audiencia está más activa. LinkedIn

Analytics puede proporcionarte información sobre cuándo tus seguidores están en línea, lo que te permite programar tus publicaciones para esos momentos pico. Además, involucrarte con tu audiencia a través de comentarios y discusiones puede aumentar significativamente el compromiso. Responder a los comentarios y participar en conversaciones relevantes no solo muestra que valoras a tu audiencia, sino que también puede ayudar a aumentar la visibilidad de tu contenido.

Evaluación continua y ajuste

Finalmente, la optimización del contenido es un proceso continuo. LinkedIn Analytics te ofrece la posibilidad de monitorear el rendimiento de tu contenido a lo largo del tiempo, lo que te permite hacer ajustes constantes a tu estrategia. Es importante revisar regularmente tus métricas para identificar tendencias emergentes y adaptar tu contenido en consecuencia. Además, estar al tanto de las nuevas funcionalidades y herramientas que LinkedIn pueda ofrecer te permitirá aprovechar al máximo la plataforma para alcanzar tus objetivos de marketing y networking.

Al utilizar LinkedIn Analytics de manera efectiva, puedes asegurarte de que tu contenido no solo llegue a la audiencia correcta, sino que también genere el compromiso y la interacción deseados. Recuerda, el éxito en LinkedIn no se trata solo de publicar contenido, sino de publicar el contenido correcto en el momento adecuado y de la manera adecuada.

Cómo elegir entre publicar un artículo y un video

Paso 1: Análisis de métricas básicas

Imagina que publicas un artículo y, después de una semana, LinkedIn Analytics te muestra los siguientes datos:

Visualizaciones: 500

Interacciones (likes, comentarios, compartidos): 50

Tasa de interacción: 10% (calculada como interacciones / visualizaciones * 100)

Paso 2: Identificación de contenido de alto rendimiento

Supongamos que comparas este artículo con un video que publicaste, que obtuvo:

Visualizaciones: 800

Interacciones: 120

Tasa de interacción: 15%

El video tiene una tasa de interacción más alta, lo que indica que este formato podría ser más atractivo para tu audiencia.

Paso 3: Optimización del momento de publicación

Analizando los datos de LinkedIn Analytics, descubres que tus publicaciones reciben más visualizaciones y engagement los martes a las 10 a.m. En comparación, las publicaciones de los viernes a las 5 p.m. tienen un rendimiento significativamente menor.

Paso 4: Ajuste y experimentación

Decides publicar tu próximo contenido (un video, dado su rendimiento anterior) el martes a las 10 a.m. y observas los resultados:

Visualizaciones: 1.000

Interacciones: 200

Tasa de interacción: 20%

Al analizar y ajustar tu estrategia basándote en datos concretos de LinkedIn Analytics, has mejorado la tasa de interacción de tu contenido del 10% al 20%, duplicando el engagement. Este enfoque basado en datos te permite entender mejor a tu audiencia y optimizar el rendimiento de tu contenido en LinkedIn. Este ejemplo numérico ilustra cómo puedes utilizar la analítica para tomar decisiones informadas y mejorar la efectividad de tu estrategia de contenido en la plataforma.

Estrategias de publicaciones basadas en datos

Análisis de datos para un contenido efectivo

Para utilizar LinkedIn Analytics de manera efectiva en la creación de contenido que resuene con tu audiencia, comienza por acceder a la sección de análisis de tu página de empresa o perfil personal. Aquí encontrarás datos detallados sobre el rendimiento de tus publicaciones anteriores, incluyendo métricas como vistas, 'me gusta', comentarios y compartidos.

Primero, enfócate en el análisis de las interacciones. Observa cuáles de tus publicaciones han generado más compromiso. LinkedIn Analytics te permite desglosar estas interacciones por tipo, lo que te da una idea clara de qué contenido está resonando más. Por ejemplo, si descubres que los artículos técnicos reciben más comentarios y compartidos, esto indica un interés particular de tu audiencia en ese tipo de contenido.

Luego, examina los datos demográficos de tu audiencia dentro de LinkedIn Analytics. Esta sección te proporciona información sobre quiénes son las personas que interactúan con tu contenido, incluyendo su sector, puesto de trabajo y ubicación. Esta información es crucial para entender el contexto en el que tu contenido es más relevante y apreciado.

Además, presta atención a las tendencias a lo largo del tiempo. LinkedIn Analytics te permite ver cómo ha cambiado el rendimiento de tu contenido a lo largo de diferentes periodos. Identifica patrones en las épocas del año o eventos específicos donde tu contenido técnico ha tenido un mejor desempeño. Esto te ayudará a planificar futuras publicaciones alineadas con estos picos de interacción.

Finalmente, utiliza la función de comparación de LinkedIn Analytics para medir el rendimiento de tus publicaciones técnicas frente a otros tipos de contenido que has compartido. Esto te permitirá ver de manera objetiva cuál es el tipo de contenido que genera más compromiso y ajustar tu estrategia de publicación en consecuencia.

Optimización del tiempo de publicación

Para utilizar LinkedIn Analytics con el fin de optimizar los tiempos de publicación, sigue estos pasos detallados:

Acceso a LinkedIn Analytics: Inicia sesión en tu cuenta de LinkedIn y ve a tu página de empresa o perfil profesional. Busca la sección de "Analytics" en el menú superior o en tu panel de control. Aquí encontrarás un compendio de estadísticas relacionadas con el rendimiento de tus publicaciones.

Análisis de la actividad de la audiencia: Dentro de LinkedIn Analytics, dirígete a la sección "Visitantes" o "Seguidores" y luego a "Demografía". Aquí, presta especial atención a los datos de "Actividad", que te mostrarán los días y horas en los que tu audiencia está más activa en la plataforma. Estos datos son cruciales para entender cuándo tu contenido tiene mayor probabilidad de ser visto.

Identificación de horarios punta: Analiza los gráficos y tablas proporcionados para identificar patrones de actividad. Por ejemplo, si observas un pico de actividad los martes a las 10 a.m., significa que ese es un momento óptimo para publicar. Estos horarios pico son tus "pistas llenas" donde quieres "poner tu mejor música".

Programación estratégica de publicaciones: Una vez identificados los horarios pico, utiliza la función de programación de LinkedIn o herramientas de terceros compatibles para planificar tus publicaciones. Asegúrate de que tu contenido de mayor calidad se publique en estos momentos clave para maximizar la visibilidad y el compromiso.

Al seguir estos pasos, estarás aplicando un enfoque estratégico y basado en datos para la optimización del tiempo de publicación en LinkedIn. Esto asegura que tu contenido no solo sea relevante y de calidad, sino que también alcance a tu audiencia en el momento más oportuno, aumentando así las interacciones y la visibilidad de tu perfil o página de empresa.

Selección estratégica del tipo de contenido

Para utilizar LinkedIn Analytics de manera efectiva en la selección estratégica del tipo de contenido, comienza accediendo a la sección de "Análisis" en tu página de empresa o perfil profesional. Aquí, enfócate en la pestaña "Actualizaciones" donde encontrarás un desglose detallado del rendimiento de cada tipo de publicación, incluyendo videos, imágenes, artículos e infografías. Observa meticulosamente las métricas como "Impresiones", "Interacciones" y "CTR (Tasa de clics)" para cada formato de contenido. Por ejemplo, si descubres que los videos generan un mayor número de interacciones y una CTR más elevada en comparación con las imágenes o textos, esto indica una preferencia clara de tu audiencia hacia el contenido audiovisual.

No te limites a replicar lo que funciona; analiza por qué ciertos formatos resuenan más con tu audiencia. ¿Es el carácter educativo de una infografía o la inmediatez de un video lo que captura su atención? LinkedIn Analytics también te permite segmentar estos datos por demografía, proporcionando datos sobre las preferencias de diferentes grupos dentro de tu audiencia.

Con esta información, planifica tu calendario de contenido priorizando los formatos que han demostrado ser más efectivos, pero también experimenta introduciendo variaciones sutiles para mantener el interés y la frescura. Por ejemplo, si los videos son tu punto fuerte, experimenta con diferentes longitudes o estilos (como entrevistas, tutoriales o detrás de escenas) para mantener a tu audiencia comprometida y receptiva.

Finalmente, no olvides la iteración basada en el rendimiento. Utiliza los datos acumulados a lo largo del tiempo para ajustar y refinar tu estrategia de contenido. LinkedIn Analytics te ofrece una vista histórica del rendimiento que puedes analizar para identificar tendencias a largo plazo y ajustar tu estrategia de contenido de acuerdo con los cambios en las preferencias de tu audiencia. Esta aproximación basada en datos asegura que tu contenido no solo sea diverso y atractivo, sino también profundamente alineado con los intereses y necesidades de tu audiencia en LinkedIn.

Iteración basada en el rendimiento

Para aplicar una iteración basada en el rendimiento con LinkedIn Analytics, comienza por acceder a la sección "Analíticas" de tu página de empresa o perfil. Enfócate en la pestaña "Actualizaciones" para ver el desempeño detallado de cada publicación individual. Aquí, LinkedIn Analytics te proporciona métricas clave como impresiones, clics, interacciones y la tasa de engagement, que son esenciales para evaluar el alcance y la recepción de tu contenido.

Cuando identifiques una publicación con un rendimiento por debajo de lo esperado, profundiza en los "Detalles de la publicación" para analizar factores como la hora de publicación, el tipo de contenido y las características demográficas de la audiencia que interactuó con ella. Utiliza estos consejos para identificar patrones o áreas de mejora. Por ejemplo, si una publicación realizada a media mañana obtiene menos interacciones que las publicadas a primera hora de la tarde, considera ajustar tus horarios de publicación futuros.

A continuación, implementa cambios basados en tus análisis. Si descubres que los videos generan más engagement que las imágenes, incrementa la frecuencia de contenido en video. O si notas que ciertos temas resonaron más con tu audiencia, planifica más contenido relacionado.

Finalmente, adopta un enfoque de prueba y error, donde cada ajuste se monitorea y evalúa a través de LinkedIn Analytics. Este enfoque cíclico de revisar, ajustar y volver a probar te permite refinar continuamente tu estrategia de contenido, asegurando que cada nueva publicación esté informada por datos reales y tenga una mayor probabilidad de éxito. Este proceso iterativo convierte a LinkedIn Analytics en una herramienta dinámica para el aprendizaje y la mejora continua en tu estrategia de marketing en LinkedIn.

Conclusiones

En este viaje a través del capítulo dedicado a LinkedIn Analytics, has descubierto una herramienta poderosa que transforma datos en decisiones estratégicas, permitiéndote optimizar tu presencia en la red profesional más grande del mundo. Al comprender y aplicar los Indicadores Clave de Rendimiento (KPIs), como la tasa de engagement, el alcance de las publicaciones y la tasa de conversión, has aprendido a medir el impacto real de tu contenido y a ajustar tu estrategia para maximizar tu visibilidad y conexión con tu audiencia.

La clave para sobresalir en LinkedIn yace en la interpretación inteligente de los datos que LinkedIn Analytics te ofrece. Al identificar qué contenido resuena más con tu audiencia y cuándo están más receptivos, puedes crear una estrategia de contenido que no solo atraiga, sino que también involucre y convierta. La experimentación y la optimización continua, basadas en un análisis detallado de tu rendimiento en la plataforma, son esenciales para mantener tu contenido relevante y atractivo.

Recuerda, tu éxito en LinkedIn no se mide solo por la cantidad de conexiones que tienes, sino por la calidad de las interacciones que generas con tu contenido. LinkedIn Analytics es tu aliado en este proceso, proporcionándote las herramientas necesarias para entender mejor a tu audiencia, adaptar tu mensaje y, en última instancia, alcanzar tus objetivos profesionales con mayor eficacia.

Al final del día, el uso estratégico de LinkedIn Analytics te empodera para tomar decisiones basadas en datos, asegurando que cada paso que das en esta plataforma te acerque más a tus metas. Ya sea que busques fortalecer tu marca personal, aumentar la visibilidad de tu empresa o simplemente entender mejor cómo interactúa tu red, esta herramienta es indispensable en tu arsenal digital.

Así que, te invito a abrazar el poder de los datos con LinkedIn Analytics. Deja que la luz de la información guíe tus decisiones y estrategias en LinkedIn, y prepárate para desbloquear nuevas oportunidades y lograr un éxito sin precedentes en tu carrera profesional. ¡El futuro es brillante, y con las herramientas adecuadas, está al alcance de tu mano!

REFERENCIAS

Capítulo 1

Warncken, M. (2023). How To Use LinkedIn Beginners Guide - 2023. LinkedIn. Recuperado de https://www.linkedin.com/pulse/how-use-linkedin-beginners-guide-2023-mark-warncken

Brandhuber, S. (2021). How to Use LinkedIn for Beginners. Later Blog. Recuperado de https://later.com/blog/how-to-use-linkedin

Insider, B. (2023). How to Use LinkedIn: Must-Read Beginner Tips. Business Insider. Recuperado de https://www.businessinsider.com/how-to-use-linkedin

Howes, L. (n.d.). About Lewis Howes. Lewis Howes. Recuperado de https://lewishowes.com/about/

Bulkovska, Y. (2024). Unlock the Power of LinkedIn AI: A Guide to Optimizing Your Profile. Zaplify. Recuperado de https://zaplify.com/blog/how-to-optimize-your-profile-with-linkedin-ais-features

Dodaro, M. (n.d.). About Melonie Dodaro. Top Dog social media. Recuperado de https://topdogsocialmedia.com

Anubhav, K. (2020). Navigating the New LinkedIn User

Interface [Guide]. LinkedIn. Recuperado de https://www.linkedin.
com/pulse/navigating-new-linkedin-user-interface-guide-
krishna-anubhav

Clark, S. (2021). A Beginner's Guide to the new LinkedIn User
Interface. LinkedIn. Recuperado de https://www.linkedin.com/
pulse/beginners-guide-new-linkedin-user-interface-sandra-
clark

Social Media Today. (2020). Navigating the New LinkedIn User
Interface [Guide]. Recuperado de https://www.socialmediatoday.
com/social-networks/navigating-new-linkedin-user-interface-
guide

LinkedIn Help. (2023). Build Your Professional Network.
Recuperado de https://www.linkedin.com/help/linkedin/
answer/66

Khan, U. (2023). Building a Strong LinkedIn Network: 7
Essential Tips. LinkedIn. Recuperado de https://www.linkedin.
com/pulse/building-strong-linkedin-network-7-essential-tips-
usaid-khan

Dripify. (2024). How to Network on LinkedIn [Best Strategies].
Recuperado de https://dripify.io/how-to-network-on-linkedin

Reddit (2022). How do you exactly "network" on LinkedIn?
Recuperado de https://www.reddit.com/r/careerguidance/
comments/qg48g8/how_do_you_exactly_network_on_
linkedin

Numrex. (2023). 5 Tips for Creating Engaging LinkedIn Posts.
LinkedIn. Recuperado de LinkedIn

Victory Team. (2023). The Power of LinkedIn Groups for
Networking and Professional Development. LinkedIn. Recuperado
de https://www.linkedin.com/pulse/power-linkedin-groups-
networking-professional-development

LinkedIn Help. (n.d.). Finding and Joining a LinkedIn Group. Recuperado de https://www.linkedin.com/help/linkedin

LinkedIn Learning. (n.d.). How to Leverage LinkedIn Events for Networking. Recuperado de https://www.linkedin.com/learning

Restream Team. (2024). How to Use Restream for LinkedIn Live Events. Recuperado de https://restream.io/blog

Capítulo 2

Zaap. (2024). Creating a LinkedIn Business Page for Your Business in 2024. Recuperado de https://www.zaap.ai/blog/creating-your-personal-brand-through-social-media

Adisa, D. (2023). How to Create an Effective LinkedIn Business Page. Recuperado de https://sproutsocial.com/insights/linkedin-business-page

LinkedIn. (n.d.). Create a LinkedIn Page. Recuperado de https://www.linkedin.com/help/linkedin/answer/a478325

Kolowich Cox, L. (2021). The Ultimate Guide to LinkedIn Company Pages. HubSpot. Recuperado de https://blog.hubspot.com/marketing/linkedin-company-pages

Patel, N. (2021). How to Use LinkedIn for Business: A Step-by-Step Guide for Marketers. Neil Patel. Recuperado de https://neilpatel.com/blog/linkedin-marketing-guide/

Smith, M. (2020). 10 LinkedIn Tools for Business. Social Media Examiner. Recuperado de https://www.socialmediaexaminer.com/10-linkedin-tools-for-business/

Decker, A. (2023). LinkedIn Company Pages: The Ultimate Guide [+ 12 Best Practices]. HubSpot. Recuperado de https://blog.hubspot.com/marketing/linkedin-company-pages

Martin, M. (2022). How to Use LinkedIn for Business.

Hootsuite. Recuperado de https://blog.hootsuite.com/
linkedin-for-business/

LinkedIn Marketing Solutions. (n.d.). What is a LinkedIn Page
and How Can It Help Your Business Grow. Recuperado de LinkedIn
Marketing Solutions Blog

Newberry, C. (2023). The Complete Guide to LinkedIn Analytics
for B2B Marketers. Hootsuite. Recuperado de https://blog.
hootsuite.com/linkedin-analytics/

LinkedIn Marketing Solutions. (n.d.). How to Market on
LinkedIn. Recuperado de https://business.linkedin.com/
marketing-solutions/how-to-market-on-linkedin

Gahn, A. (2023). LinkedIn Analytics: Top 9 Metrics to Track.
AgencyAnalytics. Recuperado de https://agencyanalytics.com/
blog/linkedin-analytics-to-track

Deehan, J. (2021). Success Stories on LinkedIn: Top Case Studies
from 2021. Recuperado de https://www.linkedin.com/business/
marketing/blog/customer-stories/success-stories-on-linkedin-
top-case-studies-from-2021

Capítulo 3

Shukla, D. (2023). 13 LinkedIn Profile Optimization Tips for
Success in 2024. INSIDEA. Recuperado de https://insidea.com/
blog/linkedin/linkedin-profile-optimization-tips/

Mandalu, M. P. (2023). Entrepreneurship Examples: Inspiring
Success Stories to Learn From. LinkedIn. Recuperado de https://
www.linkedin.com/pulse/entrepreneurship-examples-
inspiring-success-stories-mandalu-ph-d/

Arruda, W. (2021). Three LinkedIn Profile Optimization Tips
That Will Make You More Discoverable. Forbes. Recuperado de

https://www.forbes.com/sites/williamarruda/2021/03/21/three-linkedin-profile-optimization-tips-that-will-make-you-more-discoverable/?sh=71d1f0d8f31a

Calderwood, L. (2020). 7 Tips for Engaging With Your LinkedIn Connections. LinkedIn. Recuperado de https://www.linkedin.com/pulse/7-tips-engaging-your-linkedin-connections-leanne-calderwood-cmp/

Renouil, J. (2020). Networking Success - One Story. LinkedIn. Recuperado de https://www.linkedin.com/pulse/networking-success-one-story-jean-renouil/

Roche, G. (2017). My Favorite Networking Story. LinkedIn. Recuperado de https://www.linkedin.com/pulse/my-favorite-networking-story-greg-roche/

Austin, G. (2020). Networking for Success. LinkedIn. Recuperado de https://www.linkedin.com/pulse/networking-success-gregory-austin

LinkedIn Advice. (2024). What are the best ways to expand your network beyond your immediate circle? LinkedIn. Recuperado de https://www.linkedin.com/advice/0/what-best-ways-expand-your-network-gyfcc

Munger, C. (n.d.). Charlie Munger on the Art of Learning. Recuperado de diversas fuentes que documentan su filosofía y citas.

LinkedIn Learning. (n.d.). Courses on Networking and Building Relationships. Recuperado de LinkedIn Learning

Calderwood, L. (2020). 7 Tips for Engaging With Your LinkedIn Connections. LinkedIn. Recuperado de https://www.linkedin.com/pulse/7-tips-engaging-your-linkedin-connections-leanne-calderwood-cmp/

LinkedIn. (2024). Cómo utilizar tu red de exalumnos para

avanzar en tu carrera. Recuperado de https://www.linkedin.com/
advice/1/how-do-you-use-your-alumni-network-advance-
career

Misner, I. (2023). The Law of Reciprocity in Business
Networking. Recuperado desde https://ivanmisner.com/the-law-
of-reciprocity-in-business-networking

Capitulo 4

Shukla, D. (2023). 13 LinkedIn Profile Optimization Tips for
Success in 2024. INSIDEA. Recuperado de https://insidea.com/
blog/linkedin/linkedin-profile-optimization-tips/

Sruthy, P. (2023). A Guide to LinkedIn Profile Optimization.
LinkedIn. Recuperado de https://www.linkedin.com/pulse/guide-
linkedin-profile-optimization-sruthy-p/

Brogan, L. (2021). Real life LinkedIn Success Stories
to inspire you. Recuperado de https://louisebrogan.com/
linkedin-success-stories

Chan, D. (2020). How to Optimize Your LinkedIn Profile &
Make It Stand Out (Plus 10 great LinkedIn profiles!). LinkedIn.
Recuperado de https://www.linkedin.com/pulse/how-optimize-
your-linkedin-profile-make-stand-out-plus-chan-mba/

Nwogu, V. (2023). Success Stories - Resume Writing & LinkedIn
Optimization. LinkedIn. Recuperado de https://www.linkedin.
com/posts/viviannwogu_success-stories-resume-writing-
linkedin-activity-7154056012570800128-CrHJ

Pirouz, A. (2021). How to Master LinkedIn Content Marketing.
Hubspot. Recuperado de https://blog.hubspot.com/marketing/
linkedin-content-marketing

Reilly, K. (2022). 14 LinkedIn Profile Summaries That We Love

(And How to Boost Your Own). LinkedIn. Recuperado de https://
www.linkedin.com/business/talent/blog/product-tips/linkedin-
profile-summaries-that-we-love-and-how-to-boost-your-own

Gullatt, N. (2018). HOW I BECAME A LINKEDIN SUCCESS
STORY... TWICE. LinkedIn. Recuperado de https://www.linkedin.
com/pulse/how-i-became-linkedin-success-story-twice-
natalie-gullatt

Matyanowski, M. (2024). 15 Best LinkedIn Recommendation
Examples For High Impact. MatchBuilt. Recuperado de https://
matchbuilt.com/blog/best-linkedin-recommendation-examples/

Gray, J. (2016). Skills and Endorsements. LinkedIn. Recuperado
de https://www.linkedin.com/pulse/skills-endorsements-justin-
gray

Capitulo 5

Bailey, A. (2024). How to find your LinkedIn target audience:
The complete guide. LeadsBridge. Recuperado de https://
leadsbridge.com/blog/linkedin-target-audience/

Gray, J. (2016). Skills and Endorsements. LinkedIn. Recuperado
de https://www.linkedin.com/pulse/skills-endorsements-justin-
gray

Deehan, J. (2021). Success Stories on LinkedIn: Top Case Studies
from 2021. LinkedIn. Recuperado de https://www.linkedin.com/
business/marketing/blog/customer-stories/success-stories-on-
linkedin-top-case-studies-from-2021

LinkedIn. (2023). What's the easiest way to create a content
calendar for your marketing team? Recuperado de https://www.
linkedin.com/advice/1/whats-easiest-way-create-content-
calendar-your

Phillips, D. (2024). How to Build a Great LinkedIn Content Strategy (+ Content Examples). Bluleadz. Recuperado de https://www.bluleadz.com/blog/how-to-create-a-linkedin-content-calendar

Papadopoulos, Z. (2021). Why a LinkedIn content calendar is essential, and how to create one. The Content Architects. Recuperado de https://thecontentarchitects.com/how-to-create-a-linkedin-content-calendar-for-social-media/

O´Neill, M. (2023. 5 Awesome LinkedIn Content Strategy Examples. Brafton. Recuperado de https://www.brafton.com/blog/social-media/6-awesome-linkedin-content-strategy-examples-and-why-they-work-ebook/

Numrex. (2023). 5 Tips for Creating Engaging LinkedIn Posts. LinkedIn. Recuperado de https://www.linkedin.com/pulse/5-tips-creating-engaging-linkedin-posts-numrex/

Koche, S. (2023). 10 Proven Strategies to Boost Your LinkedIn Engagement. LinkedIn. Recuperado de https://www.linkedin.com/pulse/10-proven-strategies-boost-your-linkedin-engagement-sharad-koche

Forbes Coaches Council. (2021). 15 Techniques For Boosting Engagement On LinkedIn. Forbes. Recuperado de https://www.forbes.com/sites/forbescoachescouncil/2021/04/16/15-techniques-for-boosting-engagement-on-linkedin/

Goswami, H. (2023). 10 tips to boost your LinkedIn engagement in 2023. LinkedIn. Recuperado de https://www.linkedin.com/pulse/10-tips-boost-your-linkedin-engagement-2023-harish-goswami

Gahn, A. (2023). LinkedIn Analytics: Top 9 Metrics to Track. AgencyAnalytics. Recuperado de https://agencyanalytics.com/blog/linkedin-analytics-to-track

Dascau, L., & Udescu, A. (2023). 9 Key LinkedIn Metrics to Monitor in 2024. Socialinsider. Recuperado de https://www.socialinsider.io/blog/linkedin-metrics/

Databox. (2020). The 18 Most Important LinkedIn Metrics You Should Be Tracking. Recuperado de https://databox.com/most-important-linkedin-metrics

LinkedIn Marketing Solutions. (2022). ServiceNow case study. Recuperado de https://business.linkedin.com/marketing-solutions/case-studies/servicenow

Capítulo 6

LinkedIn Help. (2022). Buscar y unirse a un grupo de LinkedIn. Recuperado de https://www.linkedin.com/help/linkedin/answer/a539774

LinkedIn. (2023). Cómo utilizar la inteligencia artificial para crear contenido. Recuperado de https://www.linkedin.com/pulse/c%C3%B3mo-usar-la-inteligencia-artificial-para-crear-ohf8f

Engage AI. (2023). Cinco formas en que la IA puede ayudar a impulsar su participación en LinkedIn. Recuperado de https://engage-ai.co/es/5-formas-en-que-la-IA-puede-ayudarte-a-impulsar-tu-participaci%C3%B3n-en-LinkedIn/

Prado, L. (2018). 11 casos de éxito de empresas que prueban el ROI en LinkedIn. LinkedIn. Recuperado de https://www.linkedin.com/pulse/11-casos-de-%C3%A9xito-empresas-que-prueban-el-roi-en-linkedin-luis-prado

Up Turn (2023). Estrategias para fomentar el trabajo en equipo en tu empresa. LinkedIn. Recuperado de https://www.linkedin.com/pulse/estrategias-para-fomentar-el-trabajo-en-equipo-tu-empresa-upturnco

Agencia Group. (2023). Estrategias efectivas para aumentar tu comunidad en LinkedIn. LinkedIn. Recuperado de https://www. linkedin.com/pulse/estrategias-efectivas-para-aumentar-tu-comunidad-3yube

Capítulo 7

Heybiz Studio. (2023). 15 AI Tools for LinkedIn. LinkedIn. Recuperado de https://www.linkedin.com/pulse/15-ai-tools-linkedin-hey-bizz

Cook, J. (2023). 8 AI Tools To Supercharge Your LinkedIn Content. Forbes. Recuperado de https://www.forbes.com/sites/jodiecook/2023/12/07/5-ai-tools-to-supercharge-your-linkedin-content/

LinkedIn. (2024). How to Use AI to Find Collaborators for Your Projects. LinkedIn. Recuperado de https://www.linkedin.com/advice/1/what-most-effective-ways-use-ai-find-collaborators-4g1jc

Ginter, L. (n.d.). How Alida scaled their digital programmes to support account-based marketing strategies: driving 122% more conversions using LinkedIn Sponsored Content and Lead Gen Forms. LinkedIn. Recuperado de https://business.linkedin.com/marketing-solutions/case-studies/vision-critical

Shrivastava, A. (2023). Improve Ad Performance and Create Campaigns Faster with AI. LinkedIn. Recuperado de https://www.linkedin.com/pulse/improve-ad-performance-create-campaigns-faster-ai-linkedin-ads-unucc

Blarner, A. (2020). LinkedIn Ads Best Practices for Copy and Creative [+12 Real Examples]. LinkedIn. Recuperado de https://www.linkedin.com/pulse/linkedin-ads-best-practices-copycreative-12-real-examples-blatner

Weaver, B. (n.d.) LinkedIn Dynamic Ads: Your Comprehensive Resource with Ad Specs, Examples & More. Instapage. Recuperado de https://instapage.com/blog/linkedin-dynamic-ads/

Pollinger, J. (2023). LinkedIn Introduces AI-Powered Ad Creation Tool: Accelerate. LinkedIn. Recuperado de https://www. linkedin.com/pulse/linkedin-introduces-ai-powered-ad-creation-tool-jonathan-pollinger

LinkedIn Marketing Solutions. (n.d.). Analyze your campaign performance. Recuperado de https://business. linkedin.com/marketing-solutions/success/best-practices/analyze-your-performance

Agius, N. (2023). LinkedIn rolls out performance measurement and Document Ads enhancements. Search Engine Land. Recuperado de https://searchengineland.com/linkedin-rolls-out-new-ad-performance-measurement-features-435157

Dayan, A. (2023). 7 Ways to Optimize Your LinkedIn Ads for Peak Performance. WordStream. Recuperado de https://www. wordstream.com/blog/ws/2023/01/25/optimize-linkedin-ads

LinkedIn Marketing Solutions (n.d.). Best Practices. LinkedIn. Recuperado de https://business.linkedin.com/marketing-solutions/success/best-practices

Pick, T. (2023). LinkedIn Advertising Best Practices and Advanced Tips. Webbiquity. Recuperado de https://webbiquity.com/linkedin/linkedin-advertising-best-practices-and-advanced-tips/

Levitan, P. (2023). Three New AI Tools For Marketing. LinkedIn. Recuperado de https://www.linkedin.com/pulse/three-new-ai-tools-marketing-peter-levitan-n12wf

Kimura, J. (2020). Retargeting Gets Results: Examples of

This Proven Tactic in Action. LinkedIn. Recuperado de https://
www.linkedin.com/business/marketing/blog/linkedin-ads/
retargeting-gets-results-examples-of-this-proven-tactic-in-
action

Mosterd, K. (n.d.). Aligning brand and performance puts Exact
in pole position for growth. LinkedIn. Recuperado de https://
business.linkedin.com/marketing-solutions/case-studies/exact

Narrato (2024). How Narrato Helped Park+ Scale Content
Creation & Save 200+ Resource Hours by Automating Publishing.
Narrato. Recuperado de https://narrato.io/case-studies/parkplus-
saves-200-resource-hours-with-publishing-automation

LinkedIn (n.d.). Audi super-charges awareness for the e-tron
and carbon neutral driving. LinkedIn. Recuperado de https://
business.linkedin.com/marketing-solutions/case-studies/
audi-case-study

Capítulo 8

Olivares, M. (2023). Cómo la inteligencia artificial me ayudó a
potenciar mi marca personal en LinkedIn. LinkedIn. Recuperado
de https://es.linkedin.com/pulse/c%C3%B3mo-la-inteligencia-
artificial-me-ayud%C3%B3-potenciar-mi

Marín, S. (2024). Herramientas de Inteligencia Artificial para
Revolucionar tu Marketing. LinkedIn. Recuperado de https://www.
linkedin.com/pulse/herramientas-de-inteligencia-artificial-
para-tu-marketing-mar%C3%ADn-qzlcf

Moreno, J. (2023). Estrategia de branding: 7 elementos
esenciales para crear una marca sólida. Hubspot. Recuperado
de https://blog.hubspot.es/marketing/estrategia-branding-
elementos-esenciales-marca-solida

Boyd, J, (2019). El algoritmo de LinkedIn, ¿cómo funciona? Brandwatch. Recuperado de https://www.brandwatch.com/es/blog/algoritmo-linkedin/

Forbes (2023). NEORIS lanza la primera campaña de comunicación realizada con IA y con sus talentos como protagonistas. Forbes. Recuperado de https://forbes.es/ultima-hora/222589/neoris-lanza-la-primera-campana-de-comunicacion-realizada-con-ia-y-con-sus-talentos-como-protagonistas/

LinkedIn Talent Solutions. (n.d.). LinkedIn Talent Insights. Recuperado de https://business.linkedin.com/es-mx/talent-solutions/talent-insights

LinkedIn Help. (2023). Pestaña Marca de empleador del informe sobre profesionales de LinkedIn Talent Insights. Recuperado de https://www.linkedin.com/help/linkedin/answer/a189148/-talent-insights

LinkedIn Help. (2022). Recomendaciones para LinkedIn Talent Insights. Recuperado de https://www.linkedin.com/help/recruiter/answer/a125973/recomendaciones-para-linkedin-talent-insights

FasterCapital. (n.d.). ¿Cómo Ayuda "linkedin Sales Insights" De Linkedin A Las Empresas Emergentes A Identificar Y Priorizar Clientes Potenciales O Prospectos?. FasterCapital. Recuperado de https://fastercapital.com/es/tema/%C2%BFc%C3%B3mo-ayuda-%22linkedin-sales-insights%22-de-linkedin-a-las-empresas-emergentes-a-identificar-y-priorizar-clientes-potenciales-o-prospectos.html

LinkedIn Talent Solutions. (n.d.). KBC crea una cultura basada en datos en RRHH. LinkedIn. Recuperado de https://business.linkedin.com/talent-solutions/case-studies/kbc

LinkedIn. (2022). Kallidus supercharges prospecting efficiency with LinkedIn Sales Solutions. LinkedIn. Recuperado de https://business.linkedin.com/content/dam/me/business/en-us/sales-solutions/case-study/2022/images/pdfs/lss-case-study-kallidus-final.pdf

Bear, M. (n.d.). Zendesk da alas a sus ventas con Sales Navigator. LinkedIn. Recuperado de https://business.linkedin.com/es-mx/sales-solutions/case-studies/zendesk

Leadin (n.d.). Revisión completa de Dux-Soup: características, precios y alternativas. Leadin. Recuperado de https://www.leadin.fr/es/revision-completa-de-dux-soup-caracteristicas-precios-y-alternativas/

Melany (2021). Waalaxy: mejora herramienta de automatización para linkedin – ¡opinión de los usuarios! Waalaxy. Recuperado de https://blog.waalaxy.com/es/prospectin-herramienta-automatizacion-linkedin/

Nick (2023). How to invite LinkedIn 1st-degree connections to join a group ('Invite 1st connections to group' template). Linked Helper. Recuperado de https://support.linkedhelper.com/hc/en-us/articles/360015765660-How-to-invite-LinkedIn-1st-degree-connections-to-join-a-group-Invite-1st-connections-to-group-template

Phantom Buster (n.d.) Extract the professional emails of profiles from a LinkedIn search. Phantom Buster. Recuperado de https://discover.phantombuster.com/use-cases/turn-a-linkedin-search-into-a-list-of-emails

Meet Alfred (n.d.). Top Hacks to Superpower Your LinkedIn Outreach. Meetalfred. Recuperado de https://meetalfred.com/guides/tips-to-boost-linkedin-outreach

Capítulo 9

Bouissiere, Y. (n.d.). KPI de LinkedIn: 5 indicadores de rendimiento para seguir. Proinfluent. Recuperado de https://www.proinfluent.com/es/kpi-linkedin

Macready, H. (2022). Estadísticas de LinkedIn: la guía completa para expertos en marketing. Hootsuite. Recuperado de https://blog.hootsuite.com/es/estadisticas-de-linkedin

Gonzalez G. (2022). El poder de la Analítica en LinkedIn. LinkedIn. Recuperado de https://es.linkedin.com/pulse/el-poder-de-la-anal%C3%ADtica-en-linkedin-guillermo-gonz%C3%A1lez-pimiento

LinkedIn (n.d.). Caso de éxito: The Home Depot. LinkedIn Talent Solution. Recuperado de https://business.linkedin.com/es-mx/talent-solutions/case-studies/manufacturing/las-soluciones-de-linkedin

Amán, K. (2023). Cómo optimizar tu perfil de LinkedIn para atraer a clientes potenciales. LinkedIn. Recuperado de https://es.linkedin.com/pulse/c%C3%B3mo-optimizar-tu-perfil-de-linkedin-para-atraer-am%C3%A1n-gavidia-

Agencia Group (2023). Estrategias efectivas para aumentar tu comunidad en LinkedIn. LinkedIn. Recuperado de https://es.linkedin.com/pulse/estrategias-efectivas-para-aumentar-tu-comunidad-3yube

LinkedIn (2024). Análisis de publicaciones para tu contenido. LinkedIn. Recuperado de https://www.linkedin.com/help/lms/answer/a516971/linkedin-post-video-and-published-article-analytics-overview

Macready, H. (2022). Estadísticas de LinkedIn: la guía completa. Hootsuite. Recuperado de https://blog.hootsuite.com/

es/estadisticas-de-linkedin/

Prado, L. (2018). Cómo medir la efectividad de tus publicaciones en LinkedIn. LinkedIn. Recuperado de https://es.linkedin.com/ pulse/c%C3%B3mo-medir-la-efectividad-de-tus-publicaciones-en-linkedin-luis-prado

Katya. (2023). Consejos para optimizar tus publicaciones en LinkedIn y maximizar su alcance. LinkedIn. Recuperado de https://es.linkedin.com/pulse/consejos-para-optimizar-tus-publicaciones-en-linkedin-katya

Diaz, P. (2020). LinkedIn analytics: ¿Cómo dominarlas tanto si eres profesional como empresa?. Semrush. Recuperado de https:// es.semrush.com/blog/linkedin-analytics/

MARTIN MEISTER

MARTIN MEISTER